와인킹의 8개 국어

와인킹의 8개 국어

서른 넘어 시작해 인생 레벨 업

와인킹
(이재형)
지음

위즈덤하우스

프롤로그

외국어를 배우기 힘든 어른들에게

　현지인처럼 외국어를 하고 싶으신가요? 그렇다면 일찌감치 포기하셔야 합니다. 그게 아니라 간단한 의사소통만 하고 싶으신 거라고요? 그렇다면 외국어를 놓을 이유가 없습니다. 그 정도는 누구나 해낼 수 있습니다. 나이 많은 어르신들도 충분히 해내실 수 있지요. 다만 여태까지 해온 방법만으로는 여전히 어렵습니다.

　배움이 쉽지는 않습니다. 나이가 들면 들수록 더 그렇지요. '내가 굳이 공부를 또 해야 하나' 하고 푸념하게 됩니다. 저도 그런 푸념을 자주 합니다. 하지만 요즘 같은 글로벌 시대에, 그리고 우리나라처럼 사방이 막힌 반도 국가에서 산다면 더더욱 외국어 하나쯤은 배워야 합니다. 하다못해 단순히 여행을 하더라도 외국어를 할 줄 알면 완전히 새로운 세계가 펼쳐지거든요.

지금 포기하면 나중에는 더욱 힘들게 배워야 합니다. 왜냐고요? 한 살 더 먹을수록 배우기가 좀 더 어려워지기 때문이죠. 단순히 나이가 들면서 학습 능력이 떨어지기 때문이 아닙니다. '젊었을 때도 안 됐는데 지금 되겠냐'라고 자포자기하는 심정 때문이지요. 이럴 때는 한번 다른 쪽을 바라보세요. '내가 더 이상 젊지 않아서 못 배우겠다'라는 생각이 아니라, '내가 더 늙으면 정말 배우기 어렵겠다'라는 생각을 해보세요.

어차피 우리는 예전에도 외국어를 제대로 배운 적이 없습니다. 그 사실을 기억하면서 '그때로 돌아간다면 더 잘할 수 있었을 텐데'라고 생각하는 건 본인의 바람에 불과할 뿐이죠. 하지만 너무 늦었다고 포기부터 하지는 마세요. 포기할 거라면 한번 제대로 된 방법으로 노력해본 뒤에 포기해도 늦지 않습니다. 최소한 그렇게 하고 나면 '그때 한번 해봤어야 하는데'라는 후회는 없을 테니까요. 그리고 어차피 그대쯤 되면 해오던 습관이 생겨서 포기하기 아까워 계속하게 되는 경우가 많거든요.

배울까, 말까? 이런 생각으로 오늘까지 외국어 학습을 미루셨나요? 일이 바빠서, 또는 생활하기 바빠서 그랬던 거라고 스스로 위안하셨을 겁니다. 하지만 사실 여러분께서는 바빠서 외국어 학습을 미뤄온 게 아닙니다. 욕심이 너무 많아서 미루게 된 거죠.

근육질 체형이 하루아침에 만들어지지 않듯, 외국어 능력도 하루아침에 형성되지 않습니다. 여러분도 이 사실을 너무나도 잘 알고 있으실 겁니다. 그렇기 때문에 우리는 누구나 당장 성과가 보이고, 당장 결과가 나타나는 일을 먼저 하게 되어 있죠.

저만 해도 이 책을 쓰는 걸 계속해서 미뤄왔거든요. 하루하루 할 일은 쌓이고, 그 일들은 바로바로 좋거나 나쁜 결과를 보이는데, 이 책을 쓰는 건 매일매일 조금씩 꾸준히 해야 하거든요. 어차피 오늘 해도 내일 눈에 띄는 결과가 잘 보이지 않기 때문에 계속 미루게 됩니다. 외국어 공부는 책을 쓰는 것보다도 장기적인 계획이 필요하기 때문에 당연히 더 나중으로 미루게 되죠.

꽤나 오랜 시간 동안 쌓아올리고 다듬어내야 결과물을 보이는 게 외국어 학습입니다. 오늘 하지 않으면 내가 필요로 할 때, 내가 원할 때 절대로 가질 수 없는 것이 외국어 능력이거든요. '오늘 하지 않으면 절대로 해낼 수 없다'는 생각으로 오늘 바로 시작하고, 오늘 또 반복해야 하는 게 외국어를 공부하는 자세입니다. 제가 이 책을 쓰기 위해 키보드를 두드리기 시작한 것처럼, 여러분도 외국어 공부를 오늘, 지금 이 순간 시작해보세요. 이 책에서 제가 알려드린 방법을 하나라도 써보시면 여러분은 이미 외국어 공부를 다시 시작하신 겁니다.

나이가 많은 것이 외국어 학습에 방해가 될까요? 맞습니다. 한 살이라도 젊었을 때보다는 오늘 더 배우기가 힘들죠. 하지만 그렇기 때문에 오늘 당장 시작해야 합니다.

폭포수 아래에 돌을 가져다 놓으면 빠르게 파입니다. 하지만 처마 밑에 돌을 가져다 놓아도 마찬가지죠. 시간이 흐르면 결국 파입니다. 나이 들어서 외국어를 배우는 것도 마찬가지랍니다. 꾸준히만 하면 여러분도 1년 후에는 외국어를 구사할 수 있게 됩니다. 제가 알려드리는 방법을 잘 익혀서 내 것으로 소화하고 심지어 응용까지 해낸다면 1년이라는 시간에서 더 단축할 수도 있겠지요.

여태까지 못 배웠던 영어를 1년 만에 해낸다고 상상해보세요. 기초 회화 능력을 간절히 원했던 분은 기초 회화가 가능해지고, 고급 회화 능력을 원했던 분은 고급 회화를 구사하게 됩니다. 이거야말로 한번 해볼 만한 일이 아닐까요?

저는 외국어를 다양하게 하기 때문에 이 나라 저 나라에 외국인 친구들이 많습니다. 일본도 예외가 아니죠. 몇 년 전에 아버지를 모시고 일본 여행을 갔습니다. 제가 일본어를 하기 때문에 하루 24시간 내내 통역을 해드렸는데, 저의 수많은 현지 친구들과 함께하면서 단체 관광으로는 경험하지 못한 즐거움을 누리시던 아버지가 한마디 하시더군요.

"내가 일본어를 조금만 더 배워뒀으면 좋았을 텐데."

제 아버지는 1939년생이십니다. 그 나라 언어를 잘하는 아들이 모시고 다니면서 여행을 하고 있는 데도 불구하고 연세가 많으신 아버지조차 외국어 학습이 부족한 걸 아쉬워하셨지요. 이유는 단순합니다. 언어를 할 줄 알면 의사소통을 통해 피부로 느끼는 재미와 배움이 얼마나 커질 수 있는지를 저와 함께 다니시면서 현장에서 절감하셨기 때문이지요.

아버지는 어렸을 때 일제강점기 말기를 직접 겪었기 때문에 기본적으로 일본어를 어느 정도 접하셨습니다. 어린이들은 놀라운 속도로 언어를 학습하죠. 특정 환경에서 호기심과 관심이 있으면 아이들은 그 환경에서 들리는 언어의 기본을 금방 익힙니다. 전혀 모르는 언어여도 아이들은 한 번 들으면 그 소리를 그대로 흉내 낼 수 있는 능력을 지녔기 때문이죠. 아버지가 성장하면서 우리나라가 독립한 뒤에도 일본어에 대한 관심을 완전히 놓지 않았다면 훗날 저와 함께 일본 여행을 갔을 때 좀 더 큰 즐거움을 누리셨을 겁니다. 마찬가지로 여러분도 지금 조금만 더 배워두면 나중에 아주 큰 즐거움을 맛보실 수 있을 거예요.

지금은 돌아가셨지만 제 장모님은 생전에 연세가 있으신데도 영어학원에 다니셨습니다. 저는 결혼하고 나서야 장모님이 영어학원에 다니신다는 사실을 알고 무척이나 놀랐지요. 그리고 그 연세에도 새로운 도전을 하시는 장모님을 매우 존경하게 됐습니다. 여러분들도 열심히 외국어를 배우기 시작하면 주위 사람들의 존경 어린 시선을 덤으로 얻으시게 될 겁니다.

좋은 결과를 내기까지 그 과정이 손바닥 뒤집듯이 쉬울 리 없지만, 일단 해냈을 때 그 외국어가 내 입에서 나오기 시작한다는 자부심과 보람은 말로 다 표현하기 어렵습니다. 더 많은 즐거움과 가능성이 새롭게 생기는 것이기도 하고요. 언어의 벽을 허문다는 건 쉽게 말하면 옆집과의 벽이 허물어지고 내 집과 옆집이 한집이 되는 것과 같답니다. 새장에 있는 새가 밖으로 나가는 것과도 비슷하지요. 새장의 새가 젊은 새보다 좀 더 나이가 들었다고 해서 밖에 나가면 과연 자유의 기쁨이 덜 할까요?

나는 법을 완전히 잊기 전에 저와 함께 시작해보시죠.

차례

프롤로그 외국어를 배우기 힘든 어른들에게 4

1장 ★ 스물아홉, 뒤늦게 언어 공부를 시작했다

그렇게 잘하는데 서른 전에 배워두지 그랬어? 15
저 사람은 원래 어학에 천부적인 소질이 있다 20
3개 언어에서 겪은 완전한 실패와 포기 그리고 극복 32
하나의 언어를 완벽하게 마스터했다는 건 무슨 느낌일까? 51
우리가 외국어를 배워야 하는 진짜 이유 57
Tip 언어는 '공구'처럼 배우자 62

2장 ★ 외국어 공부에 관한 오해와 편견들

하루에 몇 시간씩 얼마나 배워야 할까? 67
회화, 문법, 독해, 단어 뭐가 가장 중요할까? 76
듣기가 먼저일까, 말하기가 먼저일까? 81
AI가 다 통역해준다. 외국어 공부를 굳이 해야 하나? 89
무료 강의가 널렸다. 공짜로 배워도 되지 않을까? 95
Tip 재미없는 공부법, 이렇게 바꾸자 100

3장 ★ 서른 넘어 언어 공부는 달라야 한다

어른들의 공부법은 아이들과 어떻게 달라야 할까? 107
이 나이에 단어를 몇 개나 외워야 외국인과 대화가 될까? 113
어른이 언어 공부를 할 때 반드시 가져야 할 태도 120

수업 효과를 극대화하는 꼬리물기 질문법 132
나이 들어 외국어를 배우면 정말 좋은 점 144
Tip 활용도 높은 단어를 찾아내는 방법 155

4장 ★ 외국어 근육을 만드는 가장 빠르고 확실한 방법

위험한 덫을 놓고 달콤한 미끼를 설치하라 161
스치는 생각을 해당 언어로 잘게 쪼개라 172
모든 수단을 동원해 기록하라 186
녹음기를 켜고 앵무새처럼 따라 하라 192
오히려 선생님을 가르쳐라 200
동기가 부족하다면 우선 놀아라 210
독학은 절대 하지 마라 218
Tip AI 제대로 활용하기 225

5장 ★ 한두 개의 언어를 뛰어넘어 여덟 개를 해내다

먼저 배우면 좋은 언어가 따로 있을까? 229
한 가지 언어를 배우는 데 1년 이상은 잡지 말자 235
외국어 하나를 아주 잘하는 것보다 여러 개 하는 게 나은 이유 242
언어의 수가 늘어날수록 학습 속도도 빨라질까? 247
여러 외국어를 한꺼번에 배우면 겪게 되는 현상 252
언어를 하나 더 할수록 기회는 곱셈으로 찾아왔다 257
Tip 늘어난 언어, 어떻게 유지할까? 263

에필로그 오십 됐으니 아홉 번째 언어를 배워볼까 265

스물아홉, 뒤늦게 언어 공부를 시작했다

그렇게 잘하는데
서른 전에 배워두지 그랬어?

　때로는 이런 이야기를 사람들이 제게 합니다. 서른 넘어서 8개 국어를 차례로 습득하기 시작할 실력이면 더 일찍 배웠으면 더 잘했을 것 아니냐고 말이죠. 틀린 말은 아닙니다. 대학생 때 시작했으면, 아니 아예 초등학생 때 시작했으면 더 많은 언어를 더 잘하고 있겠죠.

　이 책을 읽는 여러분은 대부분 나이가 어느 정도 있으실 것 같습니다. 초등학생이 '서른 넘어 시작해 인생 레벨 업'이라는 글자가 적힌 책을 펼쳐보지는 않을 것 같거든요. 그러니 지금 누군가가 여러분에게 "아유, 좀 더 일찍 시작하면 훨씬 잘하셨을 텐데요"라고 얘기해봤자 아무 쓸모 없는 이야기일 뿐입니다. 쓸모없을 뿐만 아니라 기분까지 나빠지는 야유처럼 들리죠. 이미 지나간 일입니다. 십 대, 이십 대로 돌아가서 지금 알고 있는 노하우를 활용해서 외국어를 다시 배울 수 있는 것도 아니고요. 미래를 위해서도 아무런 도움이 되지 않는 단순 비난일 뿐이죠. 게다가 본인도 못 한 일을 남에게 시키려 하는 건 가장 무책임한 일입니다.

이것이 외국어를 배울 때 여러분이 가장 피해야 하는 점입니다. '내가 왜 좀 더 열심히 하지 않았을까', '그 시간에 단어라도 한 개 더 외워둘 걸' 같은 후회와 질책은 이제 접어버립시다. 전혀 도움이 되지 않거든요. 그리고 저와 함께 앞으로 한 발 더 나아가보는 겁니다. 여러분이 여태까지 모르고 놓쳐왔던 방법들, 생각들을 가르쳐드릴 테니 하나씩 따라 해보면 됩니다. 이 책을 끝까지 보면서 배우고 응용하면 여러분도 저처럼 외국어를 배우실 수 있습니다.

"그렇게 잘하는데 서른 전에 열심히 배워두지 그랬어?"

누가 다시 한번 묻는다면 저는 솔직히 대답하겠습니다. 그때는 방법을 몰랐다고요. 원망스러운 마음도 듭니다. 제가 다닌 중고등학교의 영어 선생님, 독일어 선생님 들은 왜 어학 공부에 관한 방법론을 한 번도 가르쳐준 적이 없을까요? 학교에서는 책만 무작정 따라서 외우고, 단어를 열 번씩, 스무 번씩 반복해 적으면서 암기하는 게 제일 중요하다고 가르쳤습니다.

돌이켜보면 우리는 십 대에 중고등학교를 다니면서 학교에서 가르치는 주입식 어학 교육만 받았습니다. 그때 저는 나름대로 의욕에 차서 영어 선생님에게 몇 번 '왜죠'라는 질문을 하기도 했습니다.

"선생님, 이 문장에서 이건 왜 이런 거예요?" 그때마다 선생님의 답변은 한결같았습니다. "그냥 외워. 영어는 외우면 된다."

무작정 외우기만 해도 외국어를 배울 수는 있지만, 끝까지 외우는 사람은 드뭅니다. 누구나 시도할 수는 있지만, 꾸준히 지속하긴 어렵습니다. 그래서 여러분은 자신에게 잘 맞는 최적의 언어학습법을 찾아야 하죠.

지금 8개 국어를 구사하는 입장에서 저는 여러분에게 자신 있게 말할 수 있습니다. 그냥 외워서는 안 된다고요. 시간이 너무 많이 걸리고, 암기력이 그렇게까지 좋지 않은 사람들에게는 고문이나 다름없다고 말입니다. 배움이 항상 즐거울 수는 없고 종종 고통스럽기도 하지만, '잘되어간다'라는 생각이 들고 간간이 보람도 느끼게 해주는 방법을 써야 합니다. 게다가 그런 방법이 분명히 있거든요.

외국어를 배울 때 자신이 가장 잘할 수 있는 공부 방법을 먼저 깨우치고 익혀야 합니다. 그 방법을 계속 사용하고 다듬으며 외국어를 배워야 해요. 자전거를 처음 배우는 아이에게 최소한의 자전거 타는 법도 가르치지 않고 '그냥 타! 타다 보면 저절로 알게 돼'라고 하지는 않잖아요? 최소한의 방법과 요령도 알려주지 않고 무작정 태우면 아이가 너무나도 많이 넘어지고 결국은 심하게 다쳐서 불구가 될지도 모르는 일입니다.

 기본적인 운전법을 가르치지도 않은 상태에서 일단 차를 몰아보게 해도 될까요? '일단 몰아봐. 몰다 보면 스스로 배우게 돼'라고 해도 될까요? 진짜 운전을 시작하기 전에 운전법을 자기 것으로 배우지 않으면 크게 교통사고가 날 수 있습니다.

 언어를 배우는 것도 마찬가지예요. 제대로 된 방법을 알면 정말로 수십 년을 절약할 수 있습니다. 수십 년 동안 하나도 못 배웠던 사람이 수년 만에 여러 개의 언어를 배울 수 있죠. 어렵다고 못 배웠던 사람, 어학에 재능이 없다고 포기했던 사람이라도 올바른 방법을 먼저 익히면 절대로 이겨내지 못할 것 같았던 어려움을 극복하고 외국어를 성공적으로 배우게 됩니다.

 속는 셈치고 저를 한번 믿어주세요. 저는 중국 시골에서 중국어를 처음 배웠습니다. 삼십 대 후반의 일이지요. 그런데 그때 머리가 너무 나빠서 절대로 중국어를 배우지 못할 것 같은 반 친구가 있었습니다. 제가 본 외국어를 배우는 사람들 중에서 가장 머리가 나빠 보였지요. 어느 정도였냐면 다른 친구들은 다 해내도 그 친구만은 절대로 못 할 것처럼 느껴졌습니다. 하지만 그 친구가 지금은 중국어를 저보다 더 잘합니다.

"난 언어에 소질이 없어." 이건 완벽한 핑계입니다. 여러분이 현재 구사하고 있는 건 언어가 아닌가요? 이 책을 읽고 이해할 정도의 언어능력만 있다면 여러분도 반드시 외국어를 잘 배울 수 있습니다. 다만 올바른 방법을 모르고, 의욕이 부족할 뿐이지요.

"그렇게 잘하는데 서른 전에 열심히 배워두지 그랬어?" 누군가 또 한 번 묻는다면 이렇게 대답해주고 싶습니다. "당신이나 잘 하세요."

과거를 훌훌 털고, 이제 여러분은 저와 함께 제대로 된 외국어 학습법을 익혀보는 겁니다. 제가 스물아홉 살에 본격적으로 외국어를 배우기 시작해서 8개 국어를 구사하게 된 데에는 올바른 학습법의 도움이 절대적이었습니다. 이 경험을 이제 여러분과 함께 나누고 싶습니다.

> **제대로 된 방법을 알면 정말로 수십 년을 절약할 수 있습니다. 수십 년 동안 하나도 못 배웠던 사람이 수년 만에 여러 개의 언어를 배울 수 있죠.**

저 사람은 원래 어학에 천부적인 소질이 있다

제가 8개 국어를 구사한다고 하면 대개 먼저 이렇게 반응합니다.

"언어에 원래부터 소질이 대단하셨군요?"

이건 틀린 이야기입니다. 앞서 말한 것처럼, 외국어를 배우는 데는 딱히 소질이 필요하지 않습니다. 저도 언어를 배우면서 수많은 시행착오를 거쳤습니다. 때로는 절망하고, 때로는 잘하지 못하는 스스로를 탓했지요. 때로는 특정 언어를 배우다가 좌절하고 몇 년씩 쉬기도 했습니다. 하지만 완전히 포기한 적은 없었지요.

이에 반해서 외국어를 배우다가 결국 실패하는 사람들은 중간에 반드시 포기하고 맙니다. 그러고는 다시 배울 생각을 하지 않지요. 아니군요, 다시 배워볼까 생각해볼 때도 있겠지만 실제로 다시 도전해서 배우지는 않는다는 말이 더 맞겠네요. 제가 지금 이 책을 읽고 있는 여러분보다 외국어를 더 많이, 더 잘하는 이유는 완전히 포기한 적이 없어서입니다.

그리고 계속해서 공부하다 보니 외국어를 배우는 '비법'이라는 걸 터득하게 됐지요. 이 방법을 다른 사람에게 가르쳐줬더니 그 사람도 저처럼 금방 배우기 시작하더군요. 그때 깨달았습니다. 언어를 잘 배우는 데는 딱히 소질이 필요 없다는 사실을 말이죠. 올바른 방법을 알고, 약간의 열정만 있으면 결국은 해낼 수 있는 것이 외국어 학습입니다.

자전거 타기를 처음 배울 때가 기억나시나요? 저는 자전거를 어릴 때 배웠지만, 제 아내는 결혼 후에도 자전거를 타지 못했습니다. 자전거를 타지 못하는 성인은 태어나서 처음 봤는데, 그 사람이 다름 아닌 제 아내라는 사실이 저는 솔직히 좀 당황스러웠지요. 아내는 자전거 위에서 균형을 잡기가 너무 어렵고, 그래서 무서워서 못 탄다고 했습니다. 그런데 사실 아내의 운동신경은 저보다 훨씬 뛰어납니다. 헬스클럽에 함께 운동하러 가면 아내는 둥근 공 위에 서서 균형을 잡으며 스퀴트를 하는데 저는 절대로 못합니다. 안 해본 것은 아니고 몇 번 시도했는데 사시나무 떨듯이 두 다리가 달달 떨리더군요. 그 위에서 운동은커녕 서 있지도 못하겠더라고요. 그런데 두 발 달린 자전거 따위의 균형을 아내가 잡지 못할 리 없었습니다. 넘어져서 다칠까 봐 무서웠던 것뿐이죠.

그러다가 결혼 후에 중국에 가서 1년가량 생활하게 됐는데, 걸어 다니기에는 너무 멀고 대중교통을 이용하기에는 환승이 지나치게 잦은 생활권이었습니다. 해결책은 자전거가 유일했지요. 더군다나 중국에서는 모두가 자전거를 타고 다녔습니다. 저와 제 아내의 친구들도 자전거로 움직이는 것이 일반적이고, 자전거를 타지 않으면 결국은 남들과 어울리는 것조차 쉽지 않은 환경이었지요. 꼭 필요했기 때문에 아내는 결국 자전거 타는 법을 배우기로 마음먹게 됐습니다. 막상 마음을 먹으니 겁이 많은데도 불구하고 자전거를 배우는 데 불과 몇 시간이 걸리지 않았습니다. 이게 바로 '꼭 필요해서 배우기로 마음먹은' 결과입니다.

그런데 아내가 갑자기 고집을 부리기 시작했습니다. 안장을 높여서 위에서 아래 방향으로 페달을 밟아야 자전거를 타기가 쉽다고 제가 알려줬지만, 아내는 낮은 안장이 앉기가 더 편하다며 안장을 아주 낮추어 자전거를 타겠다는 것이었죠. 안장을 높여서 자전거를 타면 발로 밟아서 페달을 돌릴 때 자기 몸무게를 실을 수 있기 때문에 언덕길을 올라가기가 훨씬 쉽습니다. 반대로 안장이 낮으면 발에 몸무게를 싣지 못하고 순전히 다리근육의 힘만 사용해서 페달을 돌려야 하기 때문에 헐크가 아닌 이상에야 언덕길을 올라가는 것 자체가 불가능합니다. 낮은 안장이 앉기는 편할지 몰라도 자전거 페달을 돌리기는 어려운 이유가 여기 있지요.

이럴 때는 우리가 자전거를 타는 이유를 생각해보면 올바른 결정을 내리는 데 많은 도움이 됩니다. 자전거는 집에서 TV를 볼 때 편하자고 앉는 의자가 아니거든요. 편하게 앉으려면 소파에 앉는 게 훨씬 낫지요. 자전거는 이동 수단입니다. 이동 수단은 가장 쉽고 빠르게 이동할 수 있는 방법에 충실해야 하는 법이고요.

외국어 학습도 마찬가지입니다. 여러분은 대부분 이미 '시험 외국어'의 필요성에서 벗어났을 겁니다. 학교나 학원에서 우리가 배운 시험 외국어는 'A는 맞고 B는 틀리다'였습니다. '5개의 문장 중에서 맞는 것을 고르시오', '4개의 문장 중에서 틀린 것을 고르시오'라는 식이 많았지요. 하지만 실제로 외국어를 배우는 데 이런 형식은 유용하지 않습니다.

완전히 쓸모없는 건 아니지만, 이렇게 해서는 1년 만에 배울 외국어를 10년간 공부해야 배울 수 있게 되는 정도지요. 스스로를 괴롭히는 게 취미가 아닌 이상에야 1년 만에 배울 방법이 있는데 굳이 10년 동안 'A는 맞고 B는 틀리다'는 식을 밀고 나갈 필요는 없을 겁니다. 왜 자전거 안장 높이를 조절해야 하는지 논리적으로 고민해야 하는 것과도 비슷하죠.

외국어를 배울 때는 그 이유에 대해 종종 생각해보고 분위기를 환기할 필요가 있습니다. 외국어를 배울 때 흔히들 A는 맞고 B는 틀리다는 식의 흑백논리에 집중하는데, 이를 익히다 보면 왜 그런 흑백논리를 배우기 시작했는지 그 이유를 완전히 잊어버리게 됩니다. 사실 이런 흑백논리 학습을 시작한 이유는 시험용 외국어 학습을 위해서였는데 말이죠. 마찬가지로 학원에 가서 일주일에 두 시간씩 꼬박 앉아 있다 보면 처음 언어 공부를 시작했을 때의 바람이나 동기를 완전히 망각하고 그 수업이 그냥 생활의 일부가 되어버립니다. 이처럼 아무 생각 없이 수동적으로 수업만 따라가서는 1년 만에 배울 수 있는 외국어를 10년간 배워야 합니다.

여러분이 외국어 강좌를 듣는 건 참 좋은 일입니다. 하지만 외국어 수업이 내 갈증을 모두 풀어줄 거라고 생각하지는 말아야 해요. 일주일에 한두 번 정도 수업을 듣는 건 그야말로 기본입니다. 수업을 열심히 듣는 분은 기본기를 익히고자 열심히 노력하는 경우이고, 수업을 들으러 가서 딴생각만 하시는 분은 기본기를 대강대강 맛만 보는 경우지요. 그런데 솔직히 말씀드리면 두 경우가 그렇게 큰 차이는 없습니다. 첫 번째 분은 외국어를 하나 배우는 데 10년이 넘게 걸릴 테고, 두 번째 분은 그것마저도 못 하게 될 거라는 차이밖에 없거든요.

기본적인 공부만 하면서 본인의 외국어 실력이 쑥쑥 늘기를 바라는 건 도둑놈 심보죠. 일주일에 한두 번 수업을 들으러 가서 앉아 있는 것보다 훨씬 중요한 건 그 수업들 사이사이의 시간을 어떻게 보내는가입니다. 수업이 끝나고 다음 수업 시간까지 해당 외국어에 관한 고민을 전혀 하지 않으면 외국어 실력이 정말로 거의 늘지 않습니다.

예를 들어, 일주일에 두 번 외국어 수업을 듣지단 그 사이에 해당 외국어에 관한 '고민'을 전혀 하지 않는다면, 그 언어를 배우는 데 10년이 걸린다고 칩시다. 그사이에 고민을 1시간씩 하면 그 외국어를 배우는 데는 9년의 시간이 걸립니다. 그 고민을 9시간씩 하면 어떻게 될까요? 그러면 그 외국어를 배우는 데는 1년밖에 걸리지 않습니다.

결국 외국어 학습의 어려움을 풀어내는 열쇠는 천부적인 재능이 아닙니다. 첫째로는, 해당 외국어를 얼마나 절실히 배우고자 하는지 그 '필요성'을 스스로 느끼는 것이 필요합니다. 둘째로는, 그 외국어를 좀 더 빠르게 잘 배우고자 얼마나 많은 시간을 들여 '고민'하는지가 필수죠.

저는 딱히 천부적인 외국어 재능은 없지만, 외국어를 배울 '필요성'을 절실히 느끼도록 스스로를 몰아갑니다. 그리고 어떻게 하면 조금이라도 더 잘 배울 수 있을지 더욱 효율적인 학습 방법을 '고민'하는 데 누구보다도 많은 시간을 씁니다. 하지만 제가 이렇게 '필요해서 고민'하는 과정이 쌓여 나온 결과물을 보여주면 사람들은 그걸 천부적인 재능으로 치부하죠.

왜 그렇게 성급한 결론을 내리는지는 저도 압니다. 그래야 자기 위안이 되거든요. '저 사람은 타고난 언어 재능이 있으니까 저렇게 잘하는 거고, 나는 그 재능이 없으니까 안 하는 거야'라고 생각해버리면 마음이 훨씬 가볍습니다. 외국어를 배울 필요가 전혀 없다면 이렇게라도 마음의 부담을 덜어내는 것도 좋은 방법이지요. 하지만 외국어를 배울 생각이 있거나, 배울 필요성을 느끼는 사람이 이런 식으로 생각하는 태도를 취하면 잘 배울 수 있는 길을 미리 완전히 차단하는 셈입니다.

외국어를 배울 때는 '난 안 돼'나 '난 저 사람보다 못해'라는 사고방식을 지닌 사람들보다 '저 사람은 어떻게 했길래 나보다 잘하지?' 또는 '내 방법에 문제가 있나 봐. 한번 고쳐봐야지'라고 생각하는 사람들이 10배, 100배 더 빠르게 배웁니다. 왜 그런지 이제 느낌이 오시나요? 전자는 안 될 거라고 생각하며 단념하는 사람들이지만, 후자는 더 잘 배우려고 '고민'하는 사람들이거든요.

좀 전에 자전거 이야기를 했는데요, 이번에는 레벨을 확 올려서 자동차 운전 이야기를 잠깐 해보겠습니다. 자동차 운전을 배우는 건 자전거 타는 법을 배우는 것보다 난이도가 훨씬 높지요. 자전거는 그냥 타면서 넘어지다 보면 배우게 된다는 사람들도 운전에 관해서는 다른 태도를 취합니다. 운전면허를 딴 뒤에도 실제 도로 연수까지 받고 나서 차를 몰아야 한다고 얘기하지요.

자전거는 몇 시간이면 어느 정도 운전법을 익힐 수 있지만 자동차는 그렇지가 못합니다. 몇 개월을 노력해서 배워야 제대로 운전할 수 있게 되죠. 그리고 그 과정에서 실질적으로 도움이 되는 교육을 받아야 합니다. 면허를 딴 뒤에 연수를 도와주는 운전 고수들은 조수석에 앉아서 나름대로 본인의 운전 팁을 전수해줍니다. 이런 작은 가이드가 결국은 누군가의 평생 운전에 지침서가 되지요.

언어를 배우는 과정은 자동차 운전을 배우는 것보다 훨씬 복잡하고도 깁니다. 그렇기 때문에 방법론에 관해서 더욱더 효율적이고 올바른 도움이 필요하죠.

사람들이 저를 보면 처음에 꺼내는 이야기가 있습니다. "체격이 정말 건장하시군요. 부모님께서 체격이 참 좋으신가 봐요." 키가 큰 건 분명히 부모님에게 받은 유전자 덕분일 겁니다. 하지만 체격이 좋은 건 사실 유전자 때문인지 후천적인 영향인지 잘 모르겠습니다. 초등학생 때 제 별명은 분명히 '해골'이었거든요. 키는 삐쭉하게 큰데 살집이 하나도 없어서 해골처럼 휘적휘적 걷는다고 붙은 별명이었습니다. 저는 이 별명이 참 싫었습니다. 그래서 어떻게 하면 체격이 좋아질 수 있을지 고민했지요.

체격을 키워야 한다는 절실한 '필요성'에 시달리던 저는 체격을 키우는 방법으로 뭐가 있을지 진지하게 '고민'하기 시작했습니다. 고민 끝에 친구들의 승부욕을 이용해보기로 마음을 먹었고, 그 결과 생각해낸 방법이 팔씨름이었습니다. 아이들은 종종 별것 아닌 일에도 이기려고 승부욕을 불태우고, 이긴 아이는 승리를 과시하는 걸 매우 좋아하니까요.

팔씨름은 아이들이 하기에 매우 괜찮은 운동입니다. 수업과 수업 사이의 10분밖에 되지 않는 짧은 쉬는 시간에 몇 번이고 반복할 수 있고, 다양한 상대와 연습할 수 있으니까요. 게다가 나를 이기는 상대방에게 최고의 승리감을 안겨서 다음에 또 나의 도전을 기쁘게 받아들이게 해주는 운동이기도 하지요. 무엇보다 수업 시간에 체력을 회복해서 다음 쉬는 시간에 또다시 운동할 수도 있고요.

그런데 팔씨름을 하다 보면 팔씨름만으로는 상대방을 쉽게 이기지 못한다는 사실을 깨닫습니다. 기초체력의 중요성을 절감하게 되는 것이죠. 그래서 저는 팔씨름에서 이기기 위해 팔굽혀펴기를 하기 시작했습니다. 목표에 도달하기 위한 방법을 좀 더 잘 수행하기 위해 추가적인 방법을 또다시 '고민'해서 찾아낸 경우입니다. 매일 쉬는 시간마다 팔씨름을 반복하고, 하교한 뒤에는 집에서 팔굽혀펴기를 꾸준히 하다 보니, 전에는 절대로 이길 수 없을 것 같았던 상대방을 서서히 이기기 시작했습니다. 그리고 계속되는 팔씨름과 팔굽혀펴기로 인해 체격이 커지면서 누구도 저를 더 이상 해골이라고 부르지 않게 되었지요.

중학교에 올라가서도 저의 팔씨름 사랑은 계속됐습니다. 이제는 상대방을 이기는 승리감이 달콤해서 팔씨름을 계속하게 되었죠. 그러다 보니 중학교 1학년 때 이미 전교에서 저를 이길 수 있는 친구들이 많지 않았습니다. 중학교 2학년이 되니 팔씨름을 전교에서 가장 잘하는 학생들 가운데 하나가 되어 있었죠. 쉬는 시간이나 점심시간에 누군가와 팔씨름을 하면 '세기의 대결'이라며 다른 반에서 떼 지어 구경을 오는 정도였답니다. 제 별명도 해골에서 '터미네이터'로 바뀌었습니다. 키와 체격이 모두 크기 때문에 붙은 별명이었지요.

그렇게 초등학생 때 해골이라고 놀림을 받으면서 마음속으로 세웠던 목표를 달성했습니다. 시간은 총 3년 정도 걸린 듯하네요. 물론 부작용도 있었습니다. 단시간에 온 힘을 다 쏟아부어야 하기 때문에 수업 시간에는 극심한 피로와 졸음에 시달리곤 했지요. 특히 팔씨름 초반의 반년에서 일 년쯤이 심했던 것 같습니다. 하지만 '해골'이 '터미네이터'가 되는 데 그 정도의 노력도 하지 않고 어떻게 원하는 결과를 얻을 수 있을까요?

이런 스토리를 알 리가 없고 크게 관심도 없는 사람들은 요즘도 저를 보고는 "체격이 참 좋으시군요. 타고나셨나 봐요"라고 얘기합니다. 많은 경우에 그 말의 이면에는 '나는 당신처럼 될 수 없다'라는 뜻이 포함되어 있습니다. 그렇게 생각해서 위안이 된다면 다행이지만, 어쨌든 사실은 아닙니다. 저처럼 간절한 '필요성'을 느끼지 못해서 체격을 변화시키고자 심각하게 '고민'한 적이 없을 뿐입니다.

큰 체격으로 유명한 사람들을 보면 어릴 때 체구가 지나치게 왜소했거나 몸이 약했거나, 어딘가를 심하게 다쳐서 이를 보강하고자 체격을 키운 경우가 굉장히 많습니다. 타고난 게 아니라, 반드시 변해야겠다는 각오가 유난히 남다르고, 이에 기반해서 꾸준히 노력한 결과를 우리가 보게 되는 것뿐이지요.

어쩌면 누군가에게는 남들보다 천부적인 요소가 조금 더 있을지 모릅니다. 하지만 지레짐작으로 자신은 원래 재능이 없다고 포기한다면 스스로가 남들보다 특별한 재능을 지녔는지 아닌지를 확인할 기회조차 아예 잃게 됩니다. 그리고 누군가가 열심히 노력해서 성공했는데 이를 두고 천부적인 재능 여부를 따지는 것은 더더욱 아무런 의미가 없습니다. 아무리 따지고 들어봤자 그 사람이 아니라면 성공한 원인이 천부적인 재능 때문인지 죽어라고 노력했기 때문인지 모르거든요.

'나는 애초에 당신처럼 될 수 없으니까 이대로 사는 게 좋다'라고 생각하면서 스스로를 위안하기를 좋아하는 사람들은 성공한 사람들을 보면서 천부적인 재능 덕분이라고 분석하기 마련입니다. 반면 노력하는 사람들은 그 사람의 성공 비결이 끊임없는 시도와 노력 때문이라고 생각하게 됩니다.

여러분은 이제부터 '나도 정말 간절히 원해서 좀 더 잘하기 위해 계속 고민하다 보면 잘해낼 수 있다'는 쪽으로 생각의 방향타를 바꾸어야 합니다. 이게 매우 중요한 기본입니다. 그렇기 때문에 여러분은 '원래부터 소질이 있었나요?'가 아니라 '왜(why) 외국어를 배웠고 어떻게(how) 배웠나요?'라고 제게 물어보셔야 합니다. 제가 많은 외국어를 잘 배울 수 있었던 동기와 과정에 대해 궁금해하셔야 비로소 여러분에게 진짜 도움을 드릴 수 있습니다.

**언어를 잘 배우는 데 필요한 소질은 딱히 없습니다.
올바른 방법을 알고, 약간의 열정만 있으면 결국은 해낼 수 있는 게 외국어 학습입니다.**

3개 언어에서 겪은
완전한 실패와 포기 그리고 극복

―――――――――――

사람들은 제가 언어를 배우면서 승승장구했을 거라고 생각합니다. 한 언어를 배우고 다음 언어로 넘어가는 데 별 어려움이 없었을 거라고요. 하지만 실제로는 전혀 그렇지 않았습니다. 저는 8개 언어를 배우는 과정에서 총 세 번의 실패와 좌절을 겪었습니다. 이 세 번의 실패는 어마어마했습니다. 매번 제 인생의 방향을 좌지우지할 정도의 대실패들이었지요.

언어를 배우면서 겪은 첫 번째 대실패는 꽤나 이르게 찾아왔습니다. 고등학교 2학년 때였으니까요. 저는 94학번으로 수능 1세대에 해당합니다. 이때는 학력고사에서 수학능력시험으로 전환하면서 여러 가지 실험적인 교육정책을 활발히 펼쳤던 시기입니다. 수능 1세대는 새로운 대입제도의 시험 무대에 오른 세대였어요.

중위권 이상의 대학에 입학하려면 수능을 두 번이나 보고, 지원하고자 하는 대학에 하나하나 찾아가서 '본고사'라는 필기시험을 추가로 쳐야 했지요. 대학을 두 군데 지원하려면 수능 두 번과 본고사 필기시험 두 번 해서 총 네 번의 시험, 세 군데에 지원하려면 수능 두 번과 본고사 필기시험 세 번을 해서 총 다섯 번의 시험을 치는 식이었습니다. 본고사를 볼 때는 필수과목과 선택과목이 있는데 모두 주관식 필기시험이었고요. 선택과목으로는 대부분 제2외국어나 수학 등 비중이 높은 몇 과목 중에서 하나를 선택해야 했습니다.

저는 독일어를 본고사 필기시험 선택과목으로 정했습니다. 수학은 생각만 해도 몸에 두드러기가 날 정도로 싫어했고, 저희 고등학교에서 선택과목이라고는 독일어 하나밖에 없었기 때문에 어차피 다른 선택이 없었거든요.

고등학생 때 독일어 공부는 나름대로 꽤나 열심히 했다고 생각합니다. 저희 학교에 독일어 선생님이 딱 한 분 계셨는데 목소리가 마치 성우처럼 멋진 분이었습니다. 남자 선생님이었는데 유머 감각도 굉장해서 학생들에게 인기가 매우 많으셨죠. 독일어를 잘 가르치셔서 저도 선생님을 존경하고 따랐습니다. 대학에 가기 위해 꼭 공부해야 하는 과목이므로 '필요성'은 충족된 상태였고, 선생님도 학생들을 워낙 잘 다루셨으니 독일어를 공부하기에는 조건이 좋은 편이었습니다. 하지만 1년 가까이 독일어를 배우는 과정에서 제게 심각한 문제가 발생했습니다.

독일어에는 사물에 '성(性, sex)'의 개념이 존재합니다. 프랑스어, 이탈리아어, 스페인어 등 대부분의 서유럽권 언어에 이 '성'의 개념이 존재하지만 보통은 남성 아니면 여성의 개념 정도만 존재하지요. 예를 들어 프랑스어로 빵(pain)에는 '르(le)'라는 남성정관사가 붙어서 '르 빵(le pain)'이 되고, 문법상으로는 남성명사로서 기능합니다. 이에 반해 집(maison)은 '라(la)'라는 여성정관사가 붙으면서 '라 메종(la maison)'이라는 문법상 여성명사로서 기능하지요. 그런데 독일어에는 성이 하나 더 있습니다. 바로 '중성'이지요. 여성도 남성도 아닌 성이 존재합니다. 프랑스어에서 여성명사로서 집을 의미하는 '라 메종(la maison)'이 독일어에서는 '다스 하우스(das Haus)'가 되면서 중성으로서 문법적인 기능을 합니다. 이 독일어의 성은 실제 성별과는 아무런 관련이 없어요. 예를 들어 영어의 girl에 해당하는 '소녀'는 독일어에서 여성이 아니라 중성입니다. 세상에, 소녀가 중성이라니요!

모든 서유럽 언어를 배울 때 명사의 성을 외우는 건 매우 중요합니다. 명사에는 관사가 붙고, 이 관사는 전치사와 합쳐지기도 하는데 명사의 성에 따라서 이 합쳐지는 형태가 달라지기 때문이지요. 그런데 독일어는 명사의 성이 세 종류인 데다가 관사의 형태 변화가 다른 서유럽 언어보다도 훨씬 많습니다. 이것들이 또 전치사와 결합하기 시작하면 말도 못 하게 복잡해지고요. 그렇기 때문에 독일어 명사의 성을 외우는 학습은 아주 중요합니다.

그런데 저는 독일어 명사의 성을 외우지 못했습니다. 제 노력이 부족했다고 생각하지는 않습니다. 다만 어떤 방법을 써도 외워지지가 않았어요. 탁자를 보면 독일어로 남성인지, 여성인지, 중성인지가 전혀 기억나지 않았습니다. 암기하고자 갖가지 노력을 했습니다. 사물을 보면서 성별을 상상하는 이미지 트레이닝도 해보고, 한 손에 쏙 들어가는 단어암기카드를 만들어서 늘 들고 다니며 외웠습니다. 하지만 단어의 뜻은 머리에 남아도 명사의 성별은 항상 따로 놀았지요.

제게 천부적인 언어능력이 있었다면 어렵지 않게 외웠을 겁니다. 하지만 현실은 그렇지 않았지요. 고등학교 3년 과정의 절반인 1년 6개월을 독일어 명사의 성을 외우는 데 바쳤는데도 결국 실패했습니다. 기본적인 사항을 외우지 못하는데 어려운 주관식 필기시험 준비가 가능할 리 없었습니다.

결국 저는 고3에 접어들어 독일어를 포기하고 수학으로 선택과목을 바꿨습니다. 수학은 제가 굉장히 싫어하는 데다가 잘 못하는 과목이었지만 아예 공부가 불가능한 독일어보다는 나았기 때문입니다. 독일어 명사의 성을 외우지 못하는 상태에서도 객관식 시험이라면 어떻게든 넘어갈 수 있습니다. 모든 시험문제가 명사의 성을 변형하는 문제는 아니기 때문이죠. 객관식에서 명사의 성 변형 문제는 보통 한 개에서 많아야 두 개 나옵니다.

그런데, 주관식 필기시험은 전혀 다릅니다. 올바른 문장 구성 자체가 불가능하므로 문장을 전부 써야 하는 주관식 필기시험은 어림도 없는 일이거든요. 쓰는 문장마다 전부 틀린다고 생각하면 이해하기 쉬울 겁니다. 그래서 고등학교 생활의 절반을 바쳐서 공부했는데도 결국 안 되는 과목에 더 이상 시간을 낭비하지 말고 조금이라도 점수를 더 받을 수 있는 과목으로 전환해서 대입 시험 준비를 해야 한다는 전략적 판단을 했지요.

결국 이 판단이 옳았고, 제가 원하던 대학에 입학했습니다. 대학 입학 후에는 독일어에 대한 미련이 더 이상 없었어요. 그런데 대학 생활이 절반 이상 지났을 때 다시 미련이 생겨났습니다. 국제화 시대에 발맞추려면 영어와 제2외국어 하나 정도는 익혀둬야 하지 않을까 하는 생각이 점점 들기 시작했지요. 게다가 저는 독일어를 할 때 독일어 발음이 주는 강렬한 느낌을 매우 좋아했거든요. 뭐랄까, 독일어가 기본적으로 멋있는 언어라는 느낌을 갖고 있었던 것 같네요.

몇 년간 손을 놓고 있다가 다시 시작한 독일어는 고등학생 신분으로 배울 때와는 전혀 다른 느낌이었습니다. 우선 더 이상 주관식 필기시험용 공부를 할 필요가 없었기 때문에 명사의 성을 죽어라 외우지 않아도 괜찮았으니까요. 기억을 하면 좋고, 못 외워도 그만이었습니다.

회화 수업에서는 말을 하다가 명사 변화가 틀려도 아무런 상관이 없었지요. 그것보다는 말을 한마디라도 하게 되는 게 더 중요했거든요. 언어 공부는 이렇게 해야 합니다. 독일어를 수학 공식처럼 배우고, 수학은 역사 이야기처럼 외워대야 했던 중고등학생 시절에는 절대로 몰랐던 사실이지요.

여러분도 한번 생각해보세요. 두뇌가 가장 활발하게 돌아가고 언어 습득력도 뛰어난 중고등학교 내내 영어를 배우고, 줄곧 독일어나 프랑스어도 배우는데, 막상 외국에 나가면 한마디도 벙긋하지 못하는 교육이 제대로 된 교육이라는 생각이 드시나요? 저는 아니라고 봅니다. 다만 대학생 시절 후반에 제 독일어 재학습에는 필요성도 절실함도 없었기 때문에 일종의 작은 즐거움만 남았습니다. 제대로 된 의사 표현을 할 수준은 아니었던 거죠.

하지만 이때의 작은 추가적인 배움이 훗날 제게 발판이 되어줬습니다. 나중에 제가 다양한 외국어가 정말로 필요해서 배우기 시작할 때 독일어는 제대로 배운 첫 번째 언어가 되었거든요. 이렇게 해서 저는 외국어를 배우면서 겪은 첫 번째 실패를 극복했습니다.

언어를 배우면서 겪은 두 번째 대실패는 프랑스어였습니다. 저는 지금은 프랑스어를 꽤 잘합니다. 프랑스에 당장 이민을 가서 생활하며 일해도 딱히 무리가 없을 수준입니다. 하지만 처음에 프랑스어를 배우고 익힐 때는 정말 크나큰 실패에 부닥쳤습니다. 이 실패는 너무나 뼈아픈 실패여서 그 후 8년 동안 심각한 열등감과 패배 의식에 시달렸습니다. 대입 시험에서 독일어 학습에 실패했던 일은 이때의 아픔에 비하면 아기 장난일 정도였지요. 그만큼 완벽한 실패였고, 그 후유증은 길고도 강력했습니다.

제가 프랑스어를 배운 것은 스물아홉 살에서 서른 살로 넘어가는 겨울이었어요. 스물아홉 살에 독일어를 제대로 다시 배우고 그다음으로 프랑스어를 배우기 시작했지요. 프랑스어는 와인을 공부하기 위해 꼭 필요한 언어라서 열심히 배웠습니다.

그때 저는 이것저것 해보면서 한곳에 자리를 잡지 못하며 떠돌다가 우연히 입사해서 다니던 회사까지 결국 때려치우고 유럽으로 와인을 공부하러 떠나온 상태였습니다. 2003년이었는데 당시만 해도 유럽에서 와인을 공부하는 한국인이 거의 없었습니다. 와인 전문용어를 외국어로 정리해놓은 한국어 사전 같은 건 당연히 없었고요. 인터넷 검색으로 얻을 수 있는 정보도 매우 제한적이었습니다. 현지에 가서 직접 맞부딪치는 게 가장 효율적이고 빠른 와인 공부법이라고 판단했지요.

제 초기의 프랑스어 학습은 대성공이었습니다. 스물아홉 살에 1년간 독일어를 배워서 독일 전문대학 입학자격까지 따낸 저는 독일어를 배웠을 때의 학습법을 응용해서 프랑스어를 매우 빠른 속도로 배워갔습니다. 3개월 뒤에 이미 기본적인 프랑스어를 어느 정도 구사하게 되었고, 6개월이 지나서는 프랑스 사람들과 얘기하는 데 큰 불편함이 없었습니다. 물론 어려운 주제에 관한 토론은 힘들었지만, 농담하고 함께 어울리며 생활을 즐기는 데에는 별 어려움이 없었지요. 하지만 이때는 미처 몰랐습니다. 일상생활에 별문제가 없는 언어 구사 수준과 전문 공부를 하는 데 필요한 언어 수준은 완전히 다르다는 것을 말이죠.

프랑스어를 수월하게 익히고 있던 제게는 마침 운도 따랐습니다. 프랑스에 오기 전에 보르도대학 양조학과의 '와인시음학' 과정에 입학원서를 접수해놓은 상태였습니다. 뒤아드(DUAD, Diplôme Universitaire d'Aptitude à la Dégustation)라는 이름의 과정이었지요. 그런데 제가 프랑스어를 겨우 5개월째 배우고 있는 상태에서 합격 통지를 받은 것입니다.

이 과정은 유수한 와인 전문가들이 입학하고 싶어 하는 와인 고등교육 과정인데 한국인은 보통 2년에 1명씩만 입학할 수 있습니다. 입학정원이 30명 정도로 소수인 데다가 나라별로 쿼터제를 적용하기 때문에 와인 비주류 국가인 우리나라에는 2년에 한 번밖에 기회가 오지 않는 것이지요. 그런데 와인에 막 입문한 제가 이런 소중한 기회를 잡게 되었으니 얼마나 뛸 듯이 기뻤겠어요!

사실 저는 처음 합격 통지서를 손에 받아 들었을 때 아무리 읽어봐도 합격했다는 뜻인지, 불합격했다는 뜻인지 이해할 수 없었습니다. 당시의 제 프랑스어 수준은 그 정도의 통지서도 제대로 이해하지 못하는 수준이었던 거죠. 저는 하숙집 주인 할머니에게 통지서를 보여드렸습니다. 그분에게서 합격을 통지하는 내용이라는 설명을 듣고 나서야 비로소 기뻐할 수 있었죠. 제 프랑스어 수준은 사실 남의 자세한 부연 설명을 들어야 비로소 겨우 이해하는 수준에 불과했던 겁니다.

지금 생각해보면 저는 당시에 입학을 1년 늦추고 프랑스어를 더 많이 배워서 보르도대학 와인시음학 과정의 공부를 시작했어야 했습니다. 하지만 불과 반년 만의 성공적인 프랑스어 실력 덕분에 저는 자신감이 넘쳤어요. 그래서 그 과정에 바로 입학하여 공부를 시작했습니다.

결과는 처참했습니다. 1년 과정 중에서 반년 이상을 수업 시간에 마치 존재하지 않는 사람처럼 앉아 있어야 했지요. 교수님이 수업을 시작하면 인사말만 알아듣고 그 뒤로는 전혀 알아듣지 못했습니다. 수업 시간 내내 하나도 이해가 안 되다가 수업이 끝나면 작별의 말 정도만 알아들었지요. 수업을 이해하기 위해 교수님의 침이 튀길 정도로 맨 앞자리에 제일 가까이 앉기도 하고, 수업 전체를 녹음하기도 하고, 필기를 잘하는 친구의 노트를 매번 복사하기도 하는 등 필사적으로 노력했지만 전부 헛일이었습니다. 녹음한 걸 들어도 들리지가 않고, 복사한 걸 봐도 하나도 이해되지 않았거든요.

그때 저는 와인에 관해서도 아주 기초적인 지식밖에 갖고 있지 않았고, 모르는 단어를 전문용어사전에서 찾아봐도 전문용어의 사전적인 정의 자체가 너무 어려웠습니다. 수업 내용 전체가 제가 모르는 단어들로만 이루어져 있으니 그 단어들을 하나하나 찾아나갈 수도 없었죠. 지금 같으면 각종 번역기라도 돌려서 수업을 쫓아갔을지 모르지만, 당시만 해도 인터넷은 주로 간단한 검색 용도로 쓰던 때였으니까요.

결국 저는 반년이라는 시간 동안 수업 내용을 하나도 이해하지 못했습니다. 그 과정을 함께 공부하는 친구들을 포함해 주위 사람들에게 질문할 수도 없었죠. 질문도 어느 정도 뭘 알아야 할 수 있기 마련이니까요. 아무것도 모르면 결국 아무것도 물어볼 수 없더라고요.

 반년을 넘게 멍하니 앉아 있다가 비로소 서서히 귀가 트이기 시작했습니다. 하지만 이미 때는 늦었지요. 수업 내용의 절반 이상을 이해하지 못했기 때문에 교수님의 말이 조금씩 들리기 시작했다고 해도 그 사실이 뒤늦게 수업을 따라가는 데 도움을 주지는 못했습니다.

 결국 해당 과정을 마치고 나서 저는 졸업장도 받지 못하고 단순 수료증만 받았습니다. 졸업생이 되면 각종 행사에 참여할 자격이 생기고 상당한 와인 전문가로 당당히 활동할 수 있었지만, 저는 자격이 안 되어 그 근처에도 갈 수 없었습니다.

 이로 인해 제가 겪은 상실감과 패배 의식, 열등감은 그야말로 대단했습니다. 이를 극복하기 위해 정말 많은 노력을 했지만 아주 오랜 시간 빠져나오기가 힘들더군요. 서른 살이 되면서 갖기 시작했던 이 열등감은 삼십 대 후반이 되어서야 간신히 극복했습니다.

 삼십 대 중반을 넘기면서 저는 대학원 진학을 꿈꾸게 되었어요. 제 일인 와인과 관련이 있는 대학원에 진학하고 싶었습니다. 와인의 본고장인 유럽에서도 와인 교육 시스템이 제일 발달해 있는 프랑스에서 대학원 진학을 알아보기 시작했지요. 이전 실패를 만회하고 싶은 욕심이 사실은 제일 컸을 겁니다.

그 실패를 극복하지 못하면 평생 열등감에서 헤어나지 못할 것 같았거든요. 영국의 브렉시트로 약간의 타격을 입기는 했지만, 당시 유럽연합은 매우 견고했습니다. 유럽 국가들 간의 통합교육 시스템도 매우 발달해 있었죠. 그 덕분이 유럽 학생들에게만 주던 장학 혜택 또한 유럽 이외의 외부 학생들에게까지 확대하고 있었고요.

당시에는 유럽 학생들을 관리하는 장학 교육 시스템을 에라스무스(Erasmus)라고 부르고, 유럽연합 이외의 학생들을 대상으로 하는 장학 교육 시스템을 에라스무스 문드스(Erasmus Mundus)라고 불렀습니다. 요즘은 두 시스템이 구분 없이 통합되어 에라스무스 플러스(Erasmus +)라고 통칭하죠.

석박사과정 지원자들을 대상으로 하는 프로그램인데, 석사과정의 경우 기본적으로 학기가 바뀔 때 유럽의 두세 나라를 이동하며 공부합니다. 학생들을 공부시키려는 목적도 있지만, 여러 나라에 체류하면서 제각기 다른 문화를 경험하고 이해하도록 하는 부수적인 목적이 있기 때문에 이런 형태로 운영하는 것이죠. 그래서 기본적으로 두세 가지의 유럽 언어 구사를 기본 요건으로 합니다. 또한 대륙별, 국가별로 쿼터제가 있어서 최대한 다양한 국적과 인종의 학생들을 수용하려고 하죠.

이 점이 제게는 상당히 유리하게 작용했습니다. 특정 분야에서 석박사과정에 입학하기를 원하면서 여러 개의 유럽 언어를 구사하는 지원자가 아시아권에서는 드물기 때문에 제 분야에서는 경쟁자가 별로 없었습니다. 스물아홉 살이 되면서부터 여러 외국어 공부에 특별한 노력을 쏟기 시작한 게 삼십 대 후반에 이르러서야 드디어 빛을 발하게 된 것이지요.

입학은 그렇게 어렵지 않았습니다. 우리나라와는 반대로 유럽의 대학이나 대학원은 상대적으로 입학이 쉽고 졸업이 매우 어려운 경우가 보통이에요. 지원서와 각종 서류를 제출해 서류 심사에서 합격한 뒤에 대학원장과 영상통화로 프랑스어와 영어 면접을 보면 되었지요.

에라스무스 플러스는 과정에 따라 필수 언어가 조금씩 다른데, 저는 전공이 와인이다 보니 와인의 본고장 언어인 프랑스어와 국제 통용어인 영어가 필수였습니다. 스페인어도 약간은 구사해야 했지만, 입학 필수과목이 아니라 졸업을 위해 필수적으로 이수해야 하는 과목이었지요.

제가 입학한 과정은 복수전공도 필수였는데 전공과목을 따로 선택할 수는 없었습니다. 모든 학생이 매 학기마다 다른 나라로 다 함께 이동해서 학습하기 때문에 전부 동일한 과목을 수강해야 합니다. 그래서 대학원 과정임에도 기숙사 생활을 하며 마치 고등학교를 다니듯이 학생들과 어울렸어요.

당시에 저는 7개 언어를 할 줄 알았습니다. 일본어는 대학원 졸업 후에 배웠으므로 이를 제외하고 영어, 프랑스어, 독일어, 스페인어, 이탈리아어, 중국어, 그리고 한국어까지 총 7개 언어가 가능한 상태였지요. 일본은 와인과 관련해 딱히 중요한 나라가 아니었기 때문에 당시에는 배울 생각을 하지 않았습니다. 그때도 제게는 확신이 있었죠. 본인의 관심사, 본인이 흥미를 강하게 느끼는 소재를 통해 필요성을 확실히 느끼면서 외국어를 배워야 빠르게 잘 배울 수 있다는 확신 말이지요. 저는 제 관심사인 와인이라는 소재를 통해 제게 필요하다고 생각되는 7가지 언어를 어느 정도 익혀놓았습니다.

대학원에 다니면서 제 다국어 능력은 그야말로 빛을 발했습니다. 마흔이 다 되어서의 일이었죠. 제가 할 줄 아는 언어 중에서는 친구들이 모두 할 줄 아는 영어와 프랑스어를 제외하고는 중국어와 스페인어가 제일 유용했습니다. 전 세계에서 두 언어의 활용도가 가장 높기 때문이죠.

중국은 인구가 워낙 많아서 중국 국적의 학생이 여러 명 있었고, 타이완 국적의 학생과도 중국어로 의사소통이 가능했어요. 스페인어는 워낙 모국어로 쓰는 나라들이 많은 데다가, 미국을 포함한 다수의 국가들에서 제2외국어로 스페인어를 배우기 때문에 꽤나 유용했습니다. 제 스페인어 수준이 별로 높지 않아서 일상 회화만 가능한 정도였지만 친구를 만들기에는 충분했어요.

세계 각국에서 모여든 학생들과 함께 어울릴 때 그 나라에서 쓰는 언어를 구사하기 시작하면 호감도와 친밀감은 남달라집니다. 제일 확연한 경우가 중국 친구들과의 관계에서였습니다. 우리나라와 중국은 애증의 관계를 공유합니다. 하지만 한 가지 간과하지 말아야 할 점은 싫든 좋든 중국은 지리적으로 우리와 제일 가까운 이웃 나라라는 사실입니다.

옆집 사람이 마음에 들지 않으면 새집을 구해 짐을 싸서 이사를 가버리면 그만입니다. 그러나 나라와 나라의 관계에서는 그럴 수가 없지요. 싫든 좋든 옆에 끼고 함께 살아야 하는 사이입니다. 게다가 중국인은 세계 어디에 가도 있습니다. 보기 싫어도 보입니다. 또한 중국인들을 배척하는 정서가 기본으로 형성된 곳이 많기 때문에 중국인들은 자기들끼리 똘똘 뭉치는 성향이 있습니다. 이런 상황이니 중국인은 중국어를 잘하는 외국인에게는 더욱 곁을 잘 내어줍니다. '중국어를 잘하니까 중국인을 배척하지 않을 멋진 외국인'으로 인식되는 거죠.

외국어를 구사하는 능력은 하루아침에 생기는 것도 아니지만, 오늘내일 쓰고 모레 버리게 되는 능력도 아닙니다. 한번 익혀두면 평생 써먹을 수 있고, 언제 어디서 새롭게 나타날지 모르는 기회를 잡게 해주는 고맙고도 소중한 능력이지요.

유럽 대학원을 졸업하는 것도 결코 쉽지는 않았습니다. 하지만 프랑스어를 제대로 배우지 못한 서른 살의 실패에 무릎 꿇지 않고 다시 배워서 재도전한 저는 마침내 유럽 대학원 와인 관련 학과의 졸업장을 따냈습니다. 그것도 하나만이 아니라 세 개의 졸업장을 한꺼번에 받아냈지요. 에라스무스 플러스 프로그램에서는 여러 나라의 대학원에서 복수전공을 해야 하기 때문에 졸업을 하면 두 개 이상의 졸업장을 받게 됩니다. 물론 졸업에 실패하면 단 하나도 받지 못하고요. 완전히 모 아니면 도인 셈입니다. 10년 가까이 가져온 패배 의식과 열등감은 유럽에서 세 가지 석사학위를 따내면서 완벽하게 사라졌습니다.

대학원 졸업마저 실패했다면 저는 회복 불능의 치명타를 입었을 겁니다. 지금 생각해보니 오싹하군요. 하지만 신중히 고민해서 도전할 만하다 여겨지면 과감하게 도전해보는 게 인생이라고 생각해요. 한 방 크게 맞았다고 해서 움츠리고만 살면 언제 기지개를 켜보겠어요? 실패는 극복하라고 있는 겁니다.

제가 세 번째로 실패한 외국어는 바로 영어입니다. 그런데 저는 미국 현지 회사에 취업해서 일하기도 했습니다. 이런 사실에 기반해서 보자면 제가 대체 무슨 멍멍이 소리를 하고 있나 싶은 생각이 들 수도 있을 거예요. 하지만 불행하게도 재미교포가 아닌 이상, 미국으로 조기유학을 다녀오지 않은 이상 대한민국 초중고 영어 과목에만 기대서 영어를 배운 한국인이라면 대부분 겪는 현상입니다.

한번 생각해보세요. 십수 년 동안 수학을 배워서 책상에 앉아서는 미적분 문제를 척척 푸는데 막상 음식점에서 밥값을 낼 때 간단한 계산도 제대로 못 하는 사람이 있다면, 바로 그걸 실패한 교육이라고 하지 않을까요? 마찬가지입니다. 우리는 십수 년간 영어를 배웠는데도 막상 미국인을 만나면 말 한마디 제대로 꺼내지 못합니다. 실패한 영어교육이지요.

제가 생각하기에 우리나라 영어교육은 차라리 없느니만 못합니다. 그래서 초중고와 대학을 거치면서 영어교육을 받은 대한민국 사람들은 졸업을 하며 본인도 모르게 '영어 실패자'라는 커다란 낙인이 하나씩 찍힌 채 사회에 나오게 됩니다. 이는 한국에서 아무리 좋은 대학을 나왔어도 마찬가지입니다.

차라리 학교에서 영어를 가르치지 않았다면, 차라리 대한민국 교과목에 영어가 없었다면 우리는 이렇게 영어의 영원한 늪에 빠져서 허덕이지 않았을 겁니다. 중고등학교에서 되지도 않는 엉터리 영어교육을 아예 받지 않았다면, 영어가 필요한 사람들은 성인이 된 뒤에 오히려 제대로 된 학습 방법으로 영어를 배울 수 있었을 테지요. 또 영어가 필요 없는 사람들은 '난 영어를 10년간 배웠지만 한마디도 못해'라는 패배 의식에서 비롯된 두려움에 시달릴 필요가 없었을 겁니다.

그걸 어떻게 확신하냐고요? 제가 할 줄 아는 8개 언어 중에서 가장 잘하는 언어가 영어이지만, 제가 유일하게 마음 편히 하지 못하는 언어도 영어입니다. 영어를 할 때마다 왠지 모를 불안감과 자신감 상실을 경험하는데, 이건 전적으로 우리나라에서 받았던 영어교육에 원인이 있습니다.

저는 8개 국어를 구사하지만, 영어가 제일 배우기 어려웠습니다. 초중고와 대학을 거치며 오랫동안 잘못 배워서 몸에 밴 습관과 버릇, 지식을 하나하나 뜯어고치기란 정말 쉬운 일이 아니더군요. 차라리 배우지 않았으면 백지상태에서 아무런 두려움과 문제의식 없이 쉽고 빠르게, 그리고 정확히 1~2년 만에 영어를 익혔을 거라고 확신합니다.

다시 한번 말씀드리지만, 제가 익힌 언어 가운데서 언어를 사용할 때마다 두려워지는 언어는 영어가 유일합니다. 간단한 영어 한마디를 하려 해도 '문법이 틀리지 않았을까?', '발음은 괜찮은가?', '관용 표현을 제대로 썼나?' 등 수많은 두려움이 밀려듭니다. 물론 미국에 와서 생활하지 않았다면 적당히 뜯어고치면서 넘어갔을 수도 있고, 아예 딱히 문제의식도 없이 그냥 생활했을지도 모르겠네요.

하지만 미국 현지에 와서 일하며 생활하려면 최대한 현지인처럼 영어를 구사해야 잘 적응할 수 있습니다. 제 외국인 친구 중 한 명은 한국에 와서 생활한 지 십수 년이 됐지만 아직도 택시를 타서 목적지를 말하면 택시 기사님이 잘 알아듣지 못합니다. 결국은 목적지를 종이에 적어줘야 의사소통이 된다더군요. 저는 미국에 와서 그런 일을 겪고 싶지 않았습니다.

저는 아직도 세 번째 실패를 완전히 극복하지 못했어요. 제가 터득해서 익힌 모든 수단을 동원해 아직도 극복하는 중이지요. 구체적으로 어떻게 극복하고 있는지에 관해서는 여러분들에게 직접적인 도움이 되도록 이 책의 뒷부분에서 자세히 알려드릴 예정입니다. 저는 영어 학습 실패를 완전히 극복하기 위해 오늘 하루도 영어를 좀 더 배우고 있습니다. 하루가 지나서 내일 제 영어 실력이 오늘보다 더 나아지면 제 등에 찍혀 있는 '영어 실패자'의 낙인이 조금 희미해지는 느낌입니다. 몇 년 더 노력하면 그 낙인이 거의 보이지 않게 될 것 같군요.

이 책을 읽는 대부분의 독자는 저처럼 완전히 고치려고 노력하실 필요까지는 없겠지요. 그러나 제가 알려드리는 방법들을 하나씩 살펴보고, 필요한 만큼 자기 것으로 만들어 소화해낸다면, 원하는 만큼 잘못된 부분을 고칠 수 있을 겁니다. 대한민국에서 잘못된 어학교육을 받은 분들, 새로운 언어를 배우고자 하는 분들은 이제부터 제 안내를 잘 따라오셔야 합니다.

제게는 확신이 있었습니다. 본인의 관심사와 흥미를 강하게 느끼는 소재를 통해 필요성을 확실히 느끼면서 외국어를 배워야 빠르게 잘 배울 수 있다는 확신 말이지요.

하나의 언어를 완벽하게 마스터했다는 건 무슨 느낌일까?

사람들이 제게 묻습니다.

"외국어 하나를 완벽하게 마스터하면 어떤 느낌이 드나요?"

이런 질문을 하시는 분들은 입가에 가벼운 미소를 짓고 눈을 반짝이며 기대감에 가득 차서 저를 똑바로 바라보시죠. 그러고는 '뭔가 멋진 대답이 나올 것 같아' 하는 표정을 짓습니다. 이런 경우에 제게는 전혀 다른 두 가지 답변이 준비되어 있습니다.

답변 1: 가슴이 꽉 차오르게 뿌듯합니다. 외국어를 하나라도 마스터하게 되면 그야말로 자신감이 넘치거든요.
답변 2: 아직까지 마스터한 외국어가 없어서 저도 잘 몰라요.

여러분이 듣고 싶어 하는 대답은 첫 번째 답변이겠지만, 진실로 대답하자면 두 번째 답변을 해야 합니다. 겸손을 떠는 게 아닙니다. 진짜로 그런 기분을 느껴본 적이 한 번도 없어요. 저는 언어를 하나도 제대로 마스터한 적이 없거든요. 언어를 하나도 마스터하지 못한 사람의 외국어 학습법을 읽고 있다고 생각하니 갑자기 제가 못 미더워지시나요? 그럼 여기서 저도 여러분에게 한번 묻겠습니다.

"여러분은 한국어를 얼마나 잘하세요?"

한국어가 우리 모국어어라도 여러분 중에서 한국어를 마스터한 분은 아무도 없을 겁니다. 국어학자가 아닌 이상에야 띄어쓰기를 할 때 조금도 머뭇거리지 않고, 철자가 하나도 헷갈리지 않고, 단어를 고민 없이 완벽하게 선택할 수 있는 분이 과연 한 분이라도 있을까요?
언어는 절대로 마스터할 수 없는 영역입니다. 계속 배워나가야 하는 대상일 뿐이지요. 우리 모국어인 한국어도 계속 변화하고 발전합니다. 그리고 자잘한 주의 사항들이 곳곳에서 불거져 나와 우리가 말을 하고 글을 쓸 때마다 계속 고민하게 만들지요. 이 책을 쓰는 와중에도 저는 인터넷에서 한글 맞춤법과 띄어쓰기를 검색하고 있습니다. 모국어도 마스터하지 못하는 상황에서 외국어를 마스터한다고요? 있을 수 없는 일입니다.

제게 연락을 주시는 분들 가운데에서 단어집이나 문법책을 마스터했는데 막상 그 언어는 잘 구사할 수 없어서 답답하다고 하시는 분들이 가끔 있습니다. 그런 분들은 어학책을 마스터하신 게 아닙니다. 그냥 한 권 외운 거지요. 단어나 문법은 언어에서 아주 큰 비중을 차지하는 요소들 중 하나입니다. 원칙은 있지만 활용도에 따라 변화무쌍하게 바뀌기도 하고요. 둘 다 원래부터 마스터할 수 있는 대상이 아닙니다. 그런데 이런 대상들과 마주하면서 본인은 이미 모두 마스터했다는 착각에 빠져 있으니 당연히 답답하실 수밖에요.

대신에 여러분이 다음과 같이 물으시면 저는 할 말이 많습니다.

"외국어를 잘한다는 건 어떤 느낌인가요?"

저는 외국어를 아주 잘합니다. 또 여러 개의 외국어를 다 잘하지요. 그래서 저는 압니다. 외국어를 잘하게 되면 행복해진다는 것을요. 하지만 동시에 괴롭기도 합니다. 행복과 괴로움은 동전의 양면과도 같거든요. 감정의 변화가 확연한 사람은 번갈아 두 느낌을 모두 크게 느끼고, 감정의 변화가 적은 사람은 행복도 괴로움도 크게 느끼지 않지요.

제가 외국어를 능숙하게 구사하면서 보람을 느낄 때는 참 행복합니다. 이 세상 어느 나라, 어느 곳에 가서도 뭐든지 잘해내면서 재미있게 살 수 있을 것 같은 만족감을 느끼거든요. 하지만 해당 언어를 수려하게 구사하는 현지인을 보면 금방 절망감에 빠집니다. '난 평생 배워도 저렇게는 못 하겠지'라는 생각이 들거든요.

이런 이야기를 하면 어떤 분은 언어 천재 '타일러' 씨 이야기를 꺼냅니다. 한국어를 한국인보다 더 잘하는 미국인으로 TV 프로그램 〈비정상회담〉에 나와서 유명해진 그 타일러 라쉬 씨요. 그런 분들에게 저는 묻습니다. 타일러 이외에 외국어를 그만큼 잘 구사하는 사람을 또 본 적이 있느냐고요. 그게 아니면 자신도 타일러 수준으로 외국어를 배울 수 있다고 생각하는지도 물어보지요. 그러면 답변이 돌아오지 않습니다. 저는 타일러가 한국어를 하는 수준으로 제가 영어를 구사할 수 있을 거라고는 한 번도 생각해본 적이 없습니다. 여러분은 혹시 타일러가 한국어를 하는 수준으로 자신도 외국어를 구사할 수 있을 거라고 상상해보신 적이 있나요? 나라별로 한두 명 존재할까 말까 하는 사람들을 바라보면서 희망 고문을 하고 싶은 생각이 제게는 없습니다.

대신에 저는 외국어를 어제보다 좀 더 배워나갑니다. 어제보다 오늘 조금 더 나아지게 만들어가는 거죠. 이렇게 하다 보니 어느 순간 누구보다 그 언어를 더 잘하게 되는 경험을 7개의 외국어를 배우면서 빠짐없이 했거든요.

여러분도 비교 대상을 다른 사람이 아닌 '어제의 나'로 잡아보세요. 언어를 마스터하겠다는 헛된 욕심은 버리세요. 대신에 오늘 조금이라도 언어 공부를 하는 겁니다. 어제보다 좀 더 배우고 고민했다면 어제보다 자라난 나의 외국어 수준을 맞이하게 됩니다. 이미 작은 발전을 경험했으니 더 이상 한자리에 계속 머물러 있거나 뒤로 후퇴할 이유가 없게 되지요. 이런 식으로 계속해서 '어제의 내 외국어 수준'을 멀리하고 앞으로 나갈 수 있도록 하루하루 조금씩 배워나가세요.

외국어를 마스터할 수는 없겠지만, 외국어를 마스터하는 방향으로 끊임없이 전진하면 결국은 비슷한 결과를 내게 되거든요. 외국어를 잘 못하는 사람이 옆에서 보면 이미 외국어를 마스터한 존재처럼 보이지요. 그러면 여러분도 저처럼 누군가에게서 다음 질문을 받게 되실 겁니다.

"외국어 하나를 완벽하게 마스터하면 어떤 느낌이 드나요?"

여러분이 그 수준에 오르면 오늘 이 책을 읽은 덕을 보셨다는 생각을 한 번쯤은 해주시면 좋겠습니다.

저는 외국어를 어제보다 오늘 조금 더 나아지도록 만들어갑니다. 그렇게 하다 보니 어느 순간 누구보다 그 언어를 더 잘하게 되는 경험을 빠짐없이 했습니다.

우리가 외국어를 배워야 하는 진짜 이유

    많은 외국어를 익힌 이후에 주위 사람들이 때때로 제게 말합니다. "달라 보인다"라고요.

    그도 그럴 것이 우리나라에서는 3개 이상의 외국어, 그러니까 한국어를 포함해 4개 이상의 언어를 하는 사람을 주위에서 찾아보기 어렵습니다. 저는 8개 국어를 합니다. 그중에서 6개 언어는 어려운 주제에 관한 토론이 가능할 정도의 높은 수준으로 구사하지요. 나머지 2개 언어는 일상생활이 가능한 정도의 회화를 구사합니다. 제가 8개 국어를 구사하는 수준은 간단히 인사말을 하고 자기소개를 하는 정도가 아닙니다.

    제가 다양한 언어를 구사한다는 사실을 알게 되면 사람들은 제 벌이에 큰 관심을 보여요. 그렇게 많은 언어를 구사하는 유능한 인재이니 수입도 어마어마할 거라고요. 하지만 제가 미국에서 취업했을 당시 제 연봉은 놀라울 정도로 적었습니다. 이렇게 얘기하면 또 많은 분이 상상합니다. '제일 잘나가는 사람 입장에서 보면 약간 적은 정도였겠지'라고요. 그렇지 않았습니다.

그도 그럴 것이 언어를 하나 더 한다고 해서 연봉을 50퍼센트 더 올려주지는 않거든요. 제가 다른 사람들보다 7개 언어를 더 한다고 해서 제 연봉이 350퍼센트 상승하는 것도 아니고요. 제가 경험한 바로는 외국어 능력과 수입의 증가 사이에는 직접적인 연관성이 없습니다.

그렇다면 왜들 그리 외국어를 배우려고 고민하며 노력할까요? 회사를 다니면서 출근하기 전에 새벽반 수업을 수강하고 출근하는 사람들을 저는 많이 봤습니다. 그런 사람들은 남들이 7시에 기상할 때 5시에 기상해서 하루를 훨씬 일찍 시작하지요. 딱히 돈이 되는 것도 아닌데 굳이 왜 그렇게까지 고생을 할까요?

우리가 외국어를 하나씩 더 배우려고 하는 이유는 '자신감의 확보'와 '기회의 확대'를 위해서입니다. 저는 세계 어느 곳에 가더라도 두려움을 느끼지 않습니다. 어느 나라를 가더라도 제가 구사하는 언어 가운데 하나는 꼭 통할 것이라는 믿음이 있기 때문이지요.

사람이 살면서 발생하는 많은 어려움과 문제점은 거의 대부분의 경우에 잘못된 의사소통에서 비롯됩니다. 회사에서 상사의 지시와 직원의 업무 수행 사이에서 발생하는 대부분의 문제도 의사소통의 부족이나 오해에서 기인하지요. 남녀관계에서 생기는 문제들도 항상 잘못된 또는 부족한 의사소통 때문에 빚어지고요.

외국인과의 관계에서는 문제가 더욱 심각합니다. 원래부터 언어장벽 때문에 의사전달을 하기가 어려운데 문화차이까지 있거든요. 의사소통이 제대로 이루어져도 부족한 판에 말은 안 통하고 문화조차 전혀 다르니 오해의 골은 더욱 깊어질 수밖에요. 국제결혼이 성공하기 쉽지 않은 이유가 여기에 있습니다. 언어 문제를 해결하더라도 문화차이는 계속 고개를 빠꼼 하고 들거든요.

하지만 같이 결혼해서 살 관계가 아닌 이상에는 언어학습을 통해 문화차이도 상당 부분 해소됩니다. 그 언어를 쓰는 문화를 접하지 않은 채 순수하게 언어 자체만 습득할 수 있는 경우는 거의 없습니다. 한국어를 구사하는 외국인들만 봐도 대부분 케이팝을 좋아하거나 한국 음식을 좋아하는 등 한국 문화에 애정을 지니고 있지요. 언어를 배우면서 그 언어를 사용하는 나라와 문화에 관심을 기울이는 것은 아주 자연스러운 현상입니다.

그리고 새로운 언어와 문화를 익히게 되면 자신감도 자연스레 생기지요. 가족이나 지인을 데리고 그 문화권에 갔을 때 안내와 설명을 도맡게 되고요. 함께 여행하는 사람들이 믿고 의지해옵니다. 누군가가 내게 전적으로 의지하기 시작할 때 사람은 자신감을 갖게 됩니다. 외국어 하나만 구사해도 이런 상황이 발생하는데 8개 언어를 구사하는 저는 어떨지 상상이 되시나요?

어쩌면 외국어를 공부하는 여러분에게는 '기회의 확대'가 '자신감의 확보'보다 더 중요한 의미를 지닐지도 모르겠습니다. 제가 처음에 외국어를 배운 이유도 회사에서 좀 더 인정받고 더 큰 기회를 잡기 위해서였거든요. 해외 출장도 자유롭게 다녀오고, 외국 거래처를 만나서 회사에 좀 더 유리한 조건으로 협상할 수 있는 꼭 필요한 인재가 되어야겠다는 포부가 있었습니다.

개인 사업을 하는 분들도 마찬가지죠. 중국과 무역업을 하려는데 늦은 나이에 중국어 학습이 꼭 필요하니 도움을 달라는 이메일을 저는 종종 받습니다. 그런 분들은 중국과의 무역으로 자신의 기회를 넓히려는 것이죠.

저는 프랑스의 유명 와이너리에서 와인을 만들었고, 일본 도쿄의 롯폰기에서 와인 강사로 일했으며, 미국의 와인수입사에서 일하며 쉽게 접할 수 없는 많은 경험을 쌓았습니다. 이 모든 게 그 나라의 언어를 습득했기에 가능했지요. 더군다나 세계 어느 나라에 가서도 지금 하는 일을 계속할 수 있다는 자신감을 갖고 있어요.

인생의 기회가 다양해지고 선택지가 다채로워지면 스스로에 대한 자신감은 더욱 증가합니다. 제 멘토 중 한 분이 하신 말씀이 있어요. "인생의 실패는 극복할 수 있어도 자신감의 상실은 극복할 수 없다"라는 조언입니다.

언어능력을 높여 커뮤니케이션 역량을 확대하는 건 그만큼 중요합니다. 더 많은 기회 속에서 선택지를 고민하며 자신감을 방출하는 저를 보면서 사람들은 말합니다.

"때깔이 달라졌네."

저는 세계 어느 곳에 가더라도 두려움을 느끼지 않습니다. 어느 나라를 가더라도 제가 구사하는 언어 가운데 하나는 꼭 통할 것이라는 믿음이 있기 때문이지요.

Tip

언어는 '공구'처럼 배우자

언어는 언어 자체를 가장 잘 이해하면서 배우는 것이 제일 중요합니다. 그게 언어를 배우는 핵심의 전부죠. 그런데 언어를 배우는 과정에서 우리는 지금껏 거쳐온 특정 수단이나 방법에 큰 의미를 두고 그대로 고수하려고 합니다. 그러면 언어를 학습하는 속도에 심한 제동이 걸리기 시작해요.

언어능력은 다른 동물들과 인간을 구분 짓는 능력이고, 세상의 모든 것을 아우르게 만들어주는 수단이에요. 우리는 정말 다양한 수단을 통해 언어를 습득할 수 있습니다. 그리고 이렇게 다양한 방법으로 언어를 배워야 언어를 아주 잘 배울 수 있죠.

저는 언어를 배울 때 한 가지 방법으로만 배우지 않습니다. 물론 모든 언어를 배울 때 가장 큰 축이 되어 흔들리지 않도록 중심을 잡아주는 방법은 크게 몇 가지가 있지요. 그러나 이런 큰 축들을 중심으로 제가 펼쳐내고 사용하는 부수적인 방법은 굉장히 다양합니다.

그 이유는 간단해요. 어떤 언어를 배울 때마다 제가 가장 약하고 부족한 부분을 제일 효율적으로 보강해줄 방법을 취합니다. 또 제일 덜 지루해서 꽤나 오랫동안 써먹을 방법을 선택하지요. 그러다가 제게 부족했던 부분이 어느 정도 보강되면 다른 새로운 방법으로 바꿉니다. 그래서 언어를 배우면서 딱히 지루할 새가 없어요.

여러분도 그렇게 하셔야 합니다. 학원에 가서 자리를 지키는 것, 단어집을 세 권 마스터하는 것, 문법책을 다섯 권 떼는 것은 중요하지 않습니다. 누군가가 영어를 잘하느냐고 물어봤는데 문법책을 다섯 권 뗐다고 대답하는 게 무슨 의미가 있을까요? 영어가 입에서 나오는 것 자체가 중요하죠.

제가 언어를 배울 때 사용했던 다양한 수단과 방법을 이 책에서 알려드릴 텐데, 이에 관해 한 번씩 고민해보고 필요할 때마다 가장 적절한 방법들을 조합해서 써보세요. 일종의 '공구 세트'처럼요. 필요에 따라서 제일 적절하고 유용한 공구를 꺼내 쓴 후 나중에 다시 필요할 때 또 꺼내 쓸 수 있도록 제자리에 꽂아서 보관해두는 거죠.

언어를 배울 때 한두 가지 방법만 계속 고집하시면 안 됩니다. 다양한 공구를 자유롭게 다룰 줄 알기 시작하면 언어를 배우는 게 훨씬 재미있어진답니다.

외국어 공부에 관한 오해와 편견들

하루에 몇 시간씩
얼마나 배워야 할까?

"하루에 몇 시간이나 공부해야 하나요?"

이 질문을 하시는 분들이 굉장히 많습니다. 손어서 놓았던 외국어 학습서를 다시 들고서 새롭게 각오를 다지며 다부지게 계획을 세워보려고 제게 질문하시는 거겠지요. 하루에 몇 시간 공부해야만 외국어 하나를 제대로 배울 수 있는지 알아야 하루 계획표, 한 달 계획표, 일 년 계획표를 미리 짤 수 있으니까요.

하지만 이것만큼 어리석은 질문은 없습니다. '하루에 몇 시간이나 밥을 먹어야 체격이 좋아지나요?'라고 물어보는 것과 똑같습니다. 오랜 시간을 투자해서 계속 밥을 먹으면 저절로 근육이 막 붙으면서 체격이 좋아질까요? 체격이 좋아지려면 자신이 원하는 부위에 자극이 가도록 적당한 운동을 하면서 균형적으로 영양이 공급되도록 식단에도 신경 써야겠지요. 하루 종일 먹기만 하면 체격이 좋아지는 게 아니라 살만 찌게 됩니다.

가장 어리석은 질문이라고 했지만, 사실 돌이켜보면 과거에는 저도 그걸 궁금해했습니다. "일주일에 세 번씩 학원에서 영어 수업을 서너 시간이나 들었는데 2년이 지나도 나아지지가 않아!"라고 주위 사람들에게 몇 년이고 불평했지요. 충분한 시간을 들여서 공부하는 데도 도대체 왜 언어 실력이 좋아지지 않는지 너무나 억울했습니다.

외국어 공부를 할 때는 단 10분을 하더라도 가장 효율적으로 해야 합니다. 몸을 키운다고 아무 생각 없이 매일 철봉에 매달려만 있어도 신체 근육은 몸무게로 인한 자극 때문에 조금씩 늘 수 있을지 모르죠. 하지만 별생각 없이 외국어 학습서를 보거나 수업을 들으면 여러분의 머릿속 외국어 근육은 정말 하나도 늘지 않습니다.

아무 생각 없이 매일의 쳇바퀴 일과처럼 외국어 학습서를 보거나 수업을 들으시려면 공부를 하지 말고 차라리 좋아하는 음악을 듣거나 산책을 하세요. 그러면 최소한 정서적인 면에는 도움이 되니까요. 외국어 단순 학습은 그 정도로 쓸데없는 짓입니다.

하루에 몇 시간, 일주일에 몇 번 하는 식으로 외국어 공부를 하면 평생 해도 좋은 결과를 내지 못합니다. 그냥 공부하는 자신의 자랑스러운 모습에만 의미를 두는 거죠. 변함없이 꾸준히 공부하는 모습 자체도 의미가 없는 건 아니지만, 이왕 하는 김에 결과까지 잘 나오도록 만들면 더 좋잖아요? 이렇게만 얘기하면 너무 막연하니까 이해하기 쉽도록 제 경험을 말씀드리겠습니다.

스물아홉 살부터 외국어 공부를 본격적으로 시작하기 전에 저 역시 외국어 공부를 안 한 건 아닙니다. 다만 남들 하는 식으로 영어학원에 좀 다니면서 취업 영어를 배우는 식이었지요. 그러다가 말씀드린 것처럼 유럽에서 와인 공부를 할 생각을 하면서 스물아홉부터 본격적으로 외국어 공부를 시작했습니다.

저는 운이 좋았습니다. 왜냐하면 외국어를 제대로 배워보겠다고 마음먹고 바로 유럽으로 떠나서 공부하기 시작했거든요. 이 책을 읽는 분들 중에서 마음먹었다고 저처럼 바로 떠날 수 있는 분은 많지 않을 겁니다. 하지만 몸은 한국에 있어도 제가 시도했던 방식을 참고해서 공부 방식과 생활 방식에 적당한 변화를 주신다면 분명히 예전과는 다른 결과를 만들어내실 수 있습니다. 외국어를 하루 종일 구사해야 하는 환경에 노출될 수 있으면 제일 좋기는 하지만, 그런 환경에 놓인다고 해서 다들 외국어를 금방 잘 배우는 건 아니거든요. 환경보다 더 중요한 것은 자신의 방식이고, 그 방식을 계속 유지하는 지속성도 중요합니다.

제가 첫 번째로 시도했다가 대학입시에 방해될 정도로 실패한 언어가 독일어라는 이야기는 앞에서 이미 꺼냈지요. 어쨌든 한 번 배운 적이 있는 언어여서 긴긴 외국어 학습 여정의 첫 번째 대상으로 삼기는 했지만, 실패한 경험 때문에 다시 도전하기가 몹시 두려웠던 게 사실입니다. 뭔가 하기가 두렵거나 몹시 하기 싫은데 반드시 해야 되는 일이 있을 때면, 저는 머릿속을 하얗게 비운 채 눈 딱 감고 일단 그 안에 저를 밀어넣어봅니다. 무작정 제가 그 상황을 겪을 수밖에 없게 만드는 거죠.

그래서 저는 한 번 실패한 독일어를 극복하려고 일단은 독일에 갔습니다. 독일어를 배우면서 그 언어로 와인 공부를 시작하겠다는 주문을 마음속으로 외우면서 제 몸을 독일이라는 나라에 밀어넣었지요. 독일에 가서는 한국어나 한국어와 관련된 부분을 모두 지웠습니다. 주위 사람도, 책도, 심지어 사전조차 모두 독일 것으로 바꿨지요.

한국인을 최대한 안 만나는 것이 아니라 아예 한국인은 아무도 안 만나고, 아무리 느리게 읽더라도 책은 독일어로 쓰인 책만 봤습니다. 그리고 사전도 독일어로 된 사전을 샀습니다. 맞아요, 요즘 세대는 더 이상 사전을 사지 않지만 그때는 다들 종이사전을 썼었거든요. 그런데 제가 독일어를 잘하는 상태가 아니어서 일반 성인용 독독사전(獨獨事典, 우리나라의 국어사전이 한국어 단어를 한국어로 설명한 것처럼 독일어 단어를 독일어로 설명한 사전)을 참고하기는 몹시 어려웠지요. 독일 아이들이 보는 어린이용 독일어 사전을 다시 구해서 봤습니다. 어린이 독일어 사전은 제가 봐도 대강 이해될 만한 수준의 단어와 문법을 써서 설명해줬거든요.

제가 어떻게 했는지 설명은 드렸지만, 이렇게까지 환경을 설정해두는 건 매우 답답하고도 불편한 일입니다. 무엇도 쉽게 이해되지 않고, 누구와도 제대로 된 의사소통이 이루어지지 않으면 어디서나 매 순간 가슴이 답답한 일이 발생합니다. 이 지경이 되면 자신이 정말 바보 천치 같은 기분에 휩싸입니다. 누가 뭐라고 내게 말을 해도 그게 욕인지 칭찬인지 모르면서 그냥 헤벌레 바보처럼 입만 벌리게 되거든요. 그 상황에서 자기 꼴이 너무나 한심하게 느껴져서 실소라도 터뜨리게 되면 그야말로 정말 모자라 보이죠.

스물아홉 살에 첫 번째 외국어를 본격적으로 공부하기 위해 독일로 떠난 저는 그렇게 10개월간 제대로 알아듣지도 못하고, 글자를 봐도 뜻을 이해하지 못하면서 열심히 바보처럼 지냈습니다. 하지만 10개월 뒤에는 독일대학입학시험을 쳐서 당당히 입학 자격을 따냈지요.

독일의 대학입학시험은 우리와는 아주 다릅니다. 우리나라에서는 공부를 아주 잘하고 시험 성적이 특별히 좋아야 본인이 원하는 대학에 입학할 수 있죠. 반면 독일에서는 기본적인 학습 능력이 있다고 인정되면 대학 입학이 가능합니다. 외국 학생에게는 더욱 관대해서 수업을 쫓아갈 능력이 있다고 판단하면 입학시켜주지요. 심지어 수업료도 공짜였어요. 학생회비만 내면 대학에 다닐 수 있었습니다.

외국 학생들이 독일 대학에 진학하기 위해 치를 수 있는 독일어 시험은 두 가지가 있었어요. 데에스하(DSH)와 테스트다프(TestDAF)라는 시험입니다. 그때 저는 독일 대학에 입학하려는 게 아니라 독일어 실력을 한번 테스트해보려는 목적으로 시험을 쳤기 때문에 둘 중에서 제 일정에 맞는 시험을 선택했습니다. 제가 친 독일대학입학시험은 테스트다프였지요. 20점 만점의 시험인데 저는 16점을 받았습니다. 20점 만점에 16점으로는 수준 높은 4년제 대학에 입학하기 어려웠지만 독일 전역에 소재한 전문대학에는 어디나 입학할 수 있었지요.

어차피 독일에서 대학을 가려고 시험을 친 것은 아니었던 터라, 저는 이 정도로 만족하고 독일어 학습을 접었습니다. 와인 공부를 하기 위한 첫 번째 수단으로 독일어를 배웠고, 현지 전문대에 입학할 만한 수준으로도 와인 공부는 충분히 가능했거든요.

제 경험을 말씀드리는 이유는 제가 독일에서 했던 것처럼 주위의 사람, 책, 사전까지 모두 여러분이 배우고 싶은 언어의 버전으로 바꾸시기를 원해서가 아닙니다. 독일 현지에서도 그런 환경을 설정하고 버텨내기가 어려웠는데, 한국에서 그 정도의 환경을 만들길 바라는 건 실제로 불가능한 일이지요.

하지만 한 가지 정도는 설정할 수 있습니다. 예를 들어 영어를 배우고 싶다면 만나는 사람을 영어를 쓰는 외국인으로 확대한다든지, 읽는 책을 영어책으로만 바꾼다든지, 휴대폰 언어 설정을 영어로 바꾸든지, 그게 아니면 영영사전만 쓴다든지 하는 식으로요. 이런 식으로 주위에서 지속적으로 경험하는 환경의 일부 요소를 영어 버전으로 바꾸면 영어를 배우는 데 큰 도움이 됩니다.

물론 자신이 자주 경험하거나, 좋아하거나, 관심이 있는 요소를 영어 버전으로 바꿔야 합니다. 사람을 만나기 싫어해서 잘 만나지도 않는데 인맥을 외국인으로 바꾼다든지, 책을 한

권도 안 읽는데 책만 영어책으로 바꾸겠다거나 하는 식이라면 아무런 의미가 없지요. 친구들과 어울려 놀기 좋아하는 분이라면 외국인 친구를 최대한 많이 사귀고, 책을 읽기 좋아하는 분이라면 잘 안 읽히더라도 영어책을 최대한 읽어야 한다는 말입니다. 유튜브를 보는 데 시간을 많이 할애한다면 영어 유튜브 콘텐츠를 소비하는 쪽으로 방향을 틀어야 하고요.

외국인 친구를 사귀고는 싶은데 딱히 외국인 친구를 만날 기회가 없고, 영어책을 읽고 싶은데 본인이 읽을 만한 수준의 영어책이 없다고 제게 불평할 생각은 하지 마세요. 이는 오랜만에 산책은 하고 싶은데 신고 나갈 만한 신발이 없다고 불평하는 것과 똑같습니다. 예쁜 신발이 없으면 해진 신발을 신으면 되고, 그것도 없으면 뒤축이 없는 슬리퍼라도 신고 나가면 됩니다. 산책이 목적이지 어떤 신발을 신는지가 중요한 게 아니잖아요?

외국인 친구를 만날 기회가 없으면 전화 외국어나 영상 외국어라도 시도해봐야 하고, 읽을 영어책이 마땅치 않으면 미국 아이들이 읽는 동화책부터 시작해야 합니다. 자기 상황에 불평할 생각을 하기 전에 일단 무슨 수를 써서라도 머릿속과 몸이 불편해지는 상황에 자신을 밀어 넣으세요. 그러고 난 뒤에 '좀 더 좋은 방법, 좀 더 효율적인 방법은 뭐가 있을까?'에 관한 고민을 시작하는 겁니다.

유튜브 영상이어도 좋고, 드라마여도 좋고, 노래 가사여도 좋습니다. 여러분의 주변 환경 중에서 본인이 좋아하거나 관심이 큰 요소 하나를 반드시 해당 외국어적인 요소를 넣어서 다뤄보도록 하세요. 이렇게 하면 1시간을 공부하더라도 남들 책상 앞에 앉아서 10시간 공부하는 것보다 훨씬 좋은 결과를 냅니다.

> 외국어 공부를 할 때는 단 10분을 하더라도 가장 효율적으로 해야 합니다. 별생각 없이 외국어 학습서를 보거나 수업을 들으면 머릿속 외국어 근육은 정말 하나도 늘지 않습니다.

회화, 문법, 독해, 단어 뭐가 가장 중요할까?

 이것도 여러분의 가장 큰 관심사 중 하나죠. 오랜만에 다시 외국어 공부를 시작하는데 대체 어디서부터 시작해야 할지, 뭐가 더 중요할지 모르시겠지요? 이럴 때는 손에 잡기에 제일 만만한 단어집부터 잡아보는 경우가 많습니다. 그게 아니면 예전에 들여다봤던 문법책을 다시 한번 펼쳐보게 됩니다. 예전에 봤던 책은 다시 보기가 편하거든요.

 저처럼 마흔이 다 되어 늦깎이 유학이라도 가려는 분은 독해집을 들여다보기 시작하실 수도 있겠고, 일 때문에 외국인을 직접 만나서 협상해야 하는 분은 회화 학원을 끊어서 다니기 시작하실 겁니다. 그러면서도 머릿속에서는 이런 의문이 끊임없이 드시겠지요.

'내가 지금 하는 게 맞는 방법일까?'

단어집을 보고 있으면 문법에 좀 더 신경 써야 할 것 같고, 문법을 공부하다 보면 독해 비중을 늘려야 할 것 같고, 독해집을 잡고 있으면 입이 떨어지지 않는 자신이 답답하기만 합니다. 그래서 회화나 독해에 치중하다 보면 어휘력 부족과 이해되지 않는 문법이 답답해서 또 가슴을 치지요. 사실은 이것들은 하나같이 모두 중요합니다. 외국어를 배울 때 회화, 문법, 독해, 단어 중에서 딱히 더 중요하고 덜 중요한 게 따로 없어요.

문법은 언어의 뼈대입니다. 언어에서 문장 하나하나를 구성해나가는 지침이자 틀이지요. 학창 시절에 과학실에서 본 해골이 기억나세요? 문법은 바로 그 해골입니다. 그에 반해서 단어는 근육입니다. 뼈대가 움직이려면 뼈 하나하나에 근육이 붙어서 서로를 연결해줘야 합니다. 즉 문법을 통해 언어가 표현되려면 단어들이 하나씩 연결돼야 하지요.

독해 능력은 인체의 피부에 해당합니다. 근육으로 연결된 뼈대를 피부가 덮기 때문에 다른 사람들이 막상 보게 되는 부분이지요. 글을 써놓으면 다른 사람들이 보게 되잖아요? 글을 읽고 이해하는 능력은 문법과 단어가 연결된 내용을 인식하고 감상하는 영역이거든요.

그리고 회화 능력은 사람의 입과 귀에 해당합니다. 뼈대에 근육이 붙어서 피부를 맞대고 사람들끼리 의사소통을 하려면 반드시 귀를 통해 상대방의 말을 들어야 하고 입을 통해 내 말이 나와야 하지요. 뼈와 근육, 피부, 입과 귀, 이것들 중에서 조금이라도 더 중요하고 덜 중요한 게 있나요?

헬스클럽에서 운동을 하는 사람들을 보면 특정 부위에만 집중하는 경우가 정말 많습니다. 남자들은 특히 팔운동이나 가슴운동 같은 상체운동에 치우치곤 합니다. 다리운동에 비해 상체운동이 더 쉽고, 결과도 훨씬 빠르게 분명히 보이기 때문이죠. 조금만 운동해도 팔은 금방 두꺼워지고 가슴근육의 형태도 쉽게 잡힙니다. 그런데 다리운동은 아무리 해도 힘들기만 하고 근육이 잡히거나 눈에 띄게 두꺼워지거나 하지 않으니까요. 게다가 이두근, 삼두근, 가슴근육 등은 주위 사람들에게 자랑하기도 좋고 그 반응도 뜨겁습니다. 하체 근육은 딱히 자랑하기도 뭐하고, 남들의 반응 역시 시원찮고요.

이런 식으로 상체만 키운 사람들을 보고 미국에서는 '닭다리(chicken legs)'라고 부르더군요. 상체는 아주 건장한데 하체는 마치 닭발처럼 가늘다고 붙인 별명이죠. 키나 체격 등 몸의 사이즈가 크면 클수록, 그리고 더욱 커질수록 균형이 중요해집니다. 팔이 약간 두꺼워지는 건 괜찮지만, 깡마른 체형인 사람의 팔이 다리처럼 두꺼워진다면 이는 기형적인 상태라고 봐야 겠지요. 이런 체형의 불균형은 결국 좋지 않은 결과를 초래합니다. 관절에 무리가 올 수밖에 없으니까요.

외국어 학습도 마찬가지입니다. 혹시 단어만 외우거나, 문법만 공부하거나, 읽기만 하거나, 외국인 친구를 만나서 떠들기만 하는 등 한 가지 방법에만 지나치게 비중을 둔다면 아주 기형적인 외국어 공부를 하고 있는 겁니다. 이렇게 해서는 계속 공부해도 외국어 실력이 늘지 않습니다. 팔이 아무리 두꺼워졌다고 해도 팔로 걸어 다닐 건 아니잖아요? 마찬가지로 어휘력이 아무리 많이 늘었다고 해도 단어로만 의사소통을 할 수는 없습니다. 독해력이 아무리 대단하다고 해도 서로 대화를 주고받아야 하는 의사소통에서는 역부족입니다. 외국어 공부 방법을 편식하면 안 됩니다. 돌아가면서 골고루 써야 하지요. 그런데 제가 이렇게 얘기하면 또 다음과 같은 생각이 드시죠?

'누가 그걸 모르나? 하지만 한꺼번에 시작할 순 없는 노릇이니 중요한 공부부터 해야 하는데 뭐가 더 중요한 거냐고!'

이에 관해서는 제가 바로 답변해드릴 수 있습니다. 여러분의 손이 제일 먼저 가는 공부가 가장 중요한 공부이고 가장 의미 있는 공부입니다. 여러분이 그나마 지금 당장 시작하기 만

만한 공부가 가장 중요한 공부라는 이야기지요. 단어집을 뒤적이는 게 제일 만만하게 느껴지면 여러분에게는 그게 가장 중요한 공부입니다. 예전에 몇 번 들여다봤던 문법책이 눈앞에 있어서 선뜻 손이 가면 또 그게 제일 중요한 공부인 거고요.

외국어 학습은 장기 계획입니다. 물론 지금 당장 외국어 능력이 필요하거나 높은 시험 점수가 필요하다면 단기간에 훨씬 강도 높게 공부해야겠죠. 하지만 공부 강도의 차이보다 더 중요한 점은 꾸준히 계속해서 학습해야 한다는 사실입니다.

지구를 한 바퀴 돌아야 한다고 칩시다. 어디서 출발하는지가 뭐 중요한가요? 세계일주에서 출발 지점보다 훨씬 중요한 건 일단 출발을 했다는 사실이거든요. 그러니 손이 가장 쉽게 가는 책이나 방법으로 일단 시작부터 하세요. 하나의 언어를 공부하려면 단어, 문법, 독해, 회화 등은 어차피 모두 다 거쳐야 하는 과정입니다. 그러므로 무엇부터 공부하기 시작하느냐보다는 여러분이 마침내 다시 외국어 학습을 시작했다는 사실 자체가 중요하답니다.

> 회화, 문법, 독해, 단어 중에서 더 중요하고 덜 중요한 게 딱히 없어요. 뼈와 근육, 피부, 입과 귀, 이 중에서 조금이라도 더 중요하고 덜 중요한 게 따로 있나요?

듣기가 먼저일까, 말하기가 먼저일까?

우리는 우선순위를 정하는 걸 참 좋아합니다. 누가 뭐라고 설명하는 와중에도 '그래서 대체 뭘 먼저 하라는 거야?'라는 생각이 불쑥불쑥 들지요. 영어 공부도 예외가 아닙니다. 사람이 대화를 하기 위해서는 듣기와 말하기가 필수인데 둘 중 어떤 공부를 우선시해야 하는지가 궁금하죠. 물론 '균형 잡힌 공부'가 제일 좋지만, 이는 어디까지나 이론일 뿐이고, 공부하는 입장에서는 뭔가를 먼저 선택해서 손에 잡고 시작해야 합니다. 답을 먼저 드리겠습니다.

'말하기'가 먼저입니다. 듣는 것보다 말하는 것에 먼저 중점을 두고 시작하세요. 이유는 아주 간단합니다. 말을 먼저 하면 듣기가 따라올 수밖에 없지만, 듣기를 먼저 하면 말하기를 안 하게 될 가능성이 있기 때문이지요. 무슨 이야기인지 자세히 설명하겠습니다.

수업 시간에 손을 들고 선생님께 질문한다고 칩시다. 질문하는 행동은 '말하기'입니다. 그런데 질문을 하면 어떻게 되지요? 선생님이 답변을 합니다. 그럼 선생님이 답변하는 행동이 내게는 어떻게 인식될까요? '듣기'로 인식됩니다. 결국 말을 먼저 하면 들을 수밖에 없게 되는 겁니다. 내가 질문을 해놓고 상대방의 답변을 듣지 않는 일은 거의 없거든요. 내 주의가 특별히 산만하다든지 상대방을 의도적으로 모욕하려는 게 아니라면 말이죠.

질문해놓고 딴짓하는 학생이 있으면 저희 고등학교 선생님들은 몽당 분필을 던져서 맞혔는데 요즘에는 그렇게 안 하겠지요. 하지만 다른 방식으로 벌을 주실 겁니다. 상대방에게 말을 걸어놓고 상대방의 반응에 전혀 신경을 쓰지 않는 것이 얼마나 실례되는 행동인지를 우리는 잘 알기 때문에 말하기를 하면 듣기를 반드시 하게 되어 있습니다.

그럼 듣기를 먼저 하면 어떻게 될까요? 이건 우리가 맨날 제일 쉽게 하고 있는 일입니다. 회사에서도, 집에서도, 학원에서도, 학교에서도 우리는 적극적으로 말을 하고 의견을 제시하기보다는 수동적으로 듣기만 하는 입장을 보이지요. 듣기만 하는 게 사실 굉장히 편하거든요. 게다가 듣는 행동에 중점을 두다 보면 중간중간에 내 마음대로 상대방의 말에 신경을 안 쓰고 딴짓이나 딴생각을 하는 것도 가능합니다. 들어도 그만 안 들어도 그만이라는 생각을 하게 되는 거죠. 모국어인 한국어로 이런 행동을 취하면 당장 큰 문제가 되지는 않을 수도 있지만, 외국어를 배울 때 이런 태도는 치명적입니다.

말이 안 나와도 말부터 해야 해요. 질문하기가 어렵고 싫어도 반드시 질문부터 해야 합니다. 그러면 또 여러분은 이렇게 얘기하시겠지요.

"어차피 질문해봤자 알아듣지도 못하는데 뭐."

틀렸습니다. 알아듣지 못하고 잘 모르기 때문에 굳이 질문을 하는 겁니다. 상대방이 그냥 하는 이야기를 앉아서 수동적으로 듣는 것보다 내가 한 질문에 상대방이 대답하는 내용을 듣는 쪽이 듣기 공부에도 몇백 퍼센트 더 효율적입니다. 게다가 질문을 한다는 것 자체에는 듣기 영역의 주제를 내 의도에 따라서 좁힌다는 장점도 있지요.
"취미가 뭐예요?"라고 질문하면 상대방이 이에 대해 아직 답을 하지 않아도 어느 정도의 선택지는 이미 저희 마음속에 정해져 있습니다. 내가 취미가 뭐냐고 물었는데 상대방이 불쑥 롯데타워의 높이에 관해 얘기하는 일은 없거든요. 게다가 사람이 취미로 할 수 있는 일에는 어느 정도 제한이 있으니까요. 내가 들을 준비가 된 주제에 관해 상대방과 이야기를 나누는 것과 아무런 마음의 준비도 없이 전혀 생소한 주제의 이야기를 듣는 것은 완전히 다른 결과를 낳거든요. 외국어 초보자에게 이 부분은 특히 절대적입니다.

여러분이 주제를 제시하고 간단한 질문을 하기 시작해야 외국어를 수십 배 빠르게 배울 수 있습니다. 왜냐고요? 듣기가 아니라 말하기를 먼저 하는 순간, 여러분은 이미 '균형 잡힌 외국어 공부'를 실행하고 있는 셈이거든요. 질문을 통한 말하기와 상대방의 답변에 귀 기울이는 듣기를 동시에 하게 되니까요.

듣기부터 시작하면 평생 듣기만 하다가 외국인한테 말 한마디 못 하고 외국어 공부가 끝나게 됩니다. 여러분이 지금 제 책을 읽고 있는 이유도 외국인에게 말을 제대로 못하기 때문이 아닌가요? 맞을 겁니다. 이제 듣는 건 그만하고 말부터 하세요. 그럼 듣는 건 자연스레 따라오게 되거든요.

그렇다면 학교와 학원에서는 왜 듣기 위주로 가르칠까요? 아주 비싸게 회화 수업을 진행하는 학원이 아닌 이상은 거의 다 듣기 수업 위주로 구성되어 있지요? 이유는 간단합니다. 가르치는 입장에서 그 편이 편합니다. 회화 수업을 하려면 이를 진행할 수 있는 인력으로 업그레이드해야 하고, 수업 준비도 훨씬 복잡하며, 학생들 한 명 한 명에게 구체적으로 신경 써야 하기 때문에 비용이 많이 들거든요. 무엇보다 현재 수업을 진행하는 선생님들의 입지가 좁아지므로 학교에서는 당장 시행하기가 어렵습니다.

하지만 어떠한 문제든 극복해서 반드시 말하기 위주의 수업을 받을 수 있도록 환경을 조성해야 합니다. 그러지 않으면 저나 여러분처럼 수십 년 듣기평가를 해도 말 한마디 못 하게 되니까요. 그리고 뒤늦게 외국어 학습을 제대로 하려 들면 예전에 배운 잘못된 습관들을 하나하나 뜯어고치기 위해 엄청난 에너지를 쏟아붓게 됩니다. 말하기 수업을 우선하면 이런 문제가 대부분 해결돼요.

그러면 또 이렇게 반응하는 분들이 있습니다.

"시험 준비를 하기도 바쁜데 말하기 수업을 할 사가 어디 있어요? 세상 물정 참 모르네."

하나만 알고 둘은 모르는 말입니다. 제 경우를 예로 들어 설명해볼게요. 저는 중국에서 중국어를 10개월 동안 공부했습니다. 그리고 나서 한국에 돌아와 1년 뒤에 중국어 시험을 쳤지요. 보통은 공부 후에 바로 시험을 쳐야 성적이 잘 나오는데 제가 그렇게 하지 않았던 이유는 중국어 성적이 필요 없었기 때문입니다. 10개월 동안 공부한 후에는 중국어 공부를 따로 하지 않다가 제가 배운 게 어느 정도 수준인지 갑자기 궁금해서 1년 뒤에 국제 중국어 능력 표준화 시험인 HSK를 한번 쳐봤지요. 그렇게 해서 HSK 5급을 땄습니다. HSK는 6급이 제일 높은 등급인데 급수에 따라 시험을 구분해서 따로따로 봅니다. 6급 시험에 도전했다가 점수가 부족하면 5급이 되는 게 아니라 그냥 시험에 떨어지게 되는 거죠. 저는 솔직히 6급에는 떨어지지 않을까 싶기도 했고, 딱히 중국어 점수가 필요하지 않았기 때문에 5급에 도전했고, 이에 합격한 것으로 완전히 만족합니다.

몇 년 전 외국어 학습법에 관한 대규모 강의를 하면서 이 이야기를 했습니다. 그때 오신 분들 중에는 중국어 시험을 준비하는 분이 있었어요. 그분이 어떻게 하면 HSK 점수를 잘 받을 수 있느냐고 질문하시더군요. 아직 대학생이거나 이제 막 대학을 졸업한 듯 보이는 분이었습니다. 그래서 저는 솔직하게 대답했습니다. 중국어 시험공부를 할 필요가 없었기 때문에 그런 공부를 해본 적이 없어서 저도 잘 모르겠다고요. 제가 알고 있는 방법은 외국어를 균형 잡히게 익혀서 필요한 경우에는 시험을 쳐도 점수가 잘 나오게 하는 방법이거든요.

시험 전용 외국어에 관해서는 저는 모르고 딱히 관심도 없습니다. 그런 걸 물으려면 시험 공식에 전문화된 족집게 강사를 찾아가야겠지요. 그런 식으로 공부해서 나중에 사회에 나와서 제가 그랬던 것처럼 처음부터 다시 뜯어고치기 위해 10년 이상의 시간과 에너지를 낭비하는 걸 감수하고요.

"외국어 시험 전용 공부를 하지 말고 외국어 자체를 효율적으로 배우는 방법으로 공부하세요"라고 제가 아무리 강조해서 얘기해도 잘 통하지 않습니다. 지금 당장 급한 불을 꺼야 하는데 무슨 한가한 소리를 하고 앉았느냐고 면박이나 당하지 않으면 다행이죠. 하지만 생각해보세요. 우리는 영어 공부를 하면서 10년이 넘는 시간 동안 내내 급한 불을 끄면서 살지 않았던가요? 그래서 우리가 손에 쥐게 된 결과가 뭔가요? 여러분은 외국어를 잘할 수 있게 됐나요?

제가 말씀드리는 방법은 결코 멀리 돌아가는 방법이 아닙니다. 오히려 지름길이지요. 외국어를 배우려고 여러분이 대부분 추구하는 방법은 건물을 지어야 하는데 손에 잡히는 대로 마구잡이로 이어 붙여나가는 식입니다. 제가 말씀드리는 방법은 내부 프레임을 잡아가면서 기둥을 제대로 세우고 살을 하나하나 붙여나가는 식이고요. 여러분의 방법으로는 건물을 완성하지 못합니다. 제가 권하는 방식으로 해야 멋지고 튼튼한 건물이 완성됩니다. 비용도 훨씬 절약되고요. 되는대로 얼기설기 건물을 지어가면 중간에 교체하고 수선해야 하는 비용이 눈덩이처럼 불어납니다.

1년 동안 제대로 틀을 잡고서 여기다 앞으로 10년간 살을 붙이며 풍요로운 외국어 생활을 할 것인가, 아니면 또 다른 10년도 아무리 쌓아도 늘지 않는 외국어 실력을 누덕누덕 때우는 데 시간과 돈을 낭비할 것인가는 이제 여러분의 선택입니다. 풍요로운 언어 생활을 원하신다면 이제는 여러분도 말부터 하셔야 합니다.

듣기부터 시작하면 평생 듣기만 하다가 외국인한테 말 한마디 못 하고 외국어 공부가 끝나게 됩니다. 이제 듣는 건 그만하고 말부터 하세요. 그럼 듣기는 자연스레 따라오게 되거든요.

AI가 다 통역해준다.
외국어 공부를 굳이 해야 하나?

———————

    요즘은 번역 앱이나 웹을 통해서 AI를 쓰는 일이 꽤 많습니다. 예전엔 구글 번역기에 손으로 따로 입력해야 번역됐는데, 불과 몇 년 사이에 앱이나 웹을 통해 음성인식을 시키면 바로 기계음으로 통역까지 해주게 됐네요. 스마트폰 앱에 제가 말을 한 뒤에 상대방의 귀에 갖다 대면 마치 통역사가 통역해주는 것처럼 의사 전달이 됩니다.

    이런 번역 소프트웨어가 가져다준 편리함은 상상 이상이지요. 이제는 외국어를 한마디도 할 줄 몰라도 외국에 나가서 기본적인 의사소통이 가능해졌거든요. 이런 기술의 발달을 지켜보자면 의구심이 듭니다. '이제는 굳이 외국어를 배우지 않아도 되지 않을까?'라는 생각이 들어요. 애써 본인이 말하기보다 번역 앱에 의지하는 편이 더 제대로 의사 전달이 되는 경우도 많으니까요.

결론부터 말씀드리자면, 그렇지가 않습니다. 아주 쉬운 예로는 수학과 계산기가 있지요. 인간이 수학을 배우기 시작한 역사가 얼마나 오래됐는지는 헤아리기 어렵습니다. 인류의 역사와 함께 시작했을 것으로 추정할 뿐이지요. 계산기의 역사는 어떨까요? 계산기는 17세기 중반에 발명됐습니다.

그렇다면 수학교육을 바라보는 당시 사람들의 시각이 번역 앱을 쓰면서 외국어 교육을 바라보는 요즘 우리 시각과 많이 달랐을까요? 그렇지 않았을 겁니다. 마침내 계산기가 웬만한 사람들보다 더 복잡한 계산을 순식간에 해내기 시작했을 때 사람들은 더 이상 수학 공부를 할 필요가 없는 이유를 대기 시작했겠지요. 지금은 어떤가요? 엑셀 파일을 열어서 필요한 공식을 사용해 숫자만 넣으면 모든 복잡한 계산이 동시다발적으로 이루어집니다. 인간의 능력을 훨씬 뛰어넘었지요. 그런데도 우리는 여전히 수학을 공부합니다. 그것도 학교에서 주요 과목으로 다루고 있지요.

마찬가지로 언어교육 역시 앞으로도 계속 중요한 교육으로 인식될 겁니다. 앱과 웹 등을 통한 AI 통번역이 아무리 발달해도 외국어 학습은 계속 이루어질 거고요. 크게 세 가지 이유가 있습니다.

첫째, 수학과 국어, 외국어를 주요 과목으로 다루는 이유는 이 과목들을 공부하는 과정에서 얻는 양질의 부산물이 아주 많기 때문입니다. 해당 과목의 지식을 얻는 것도 중요하지만, 우리는 수학을 공부하면서 수리 능력을 발달시키고, 국어와 외국어를 공부하면서 언어능력이 성장하지요.

그래서 외국어를 잘하는 사람들 중에는 평균 이상으로 언변이 뛰어나거나 글을 잘 쓰는 경우가 많습니다. 언어능력이 평균 이상으로 발달했기 때문에 당연히 수반되는 결과죠. 사람이 살면서 말을 잘하고 글을 잘 쓰는 것은 매우 중요합니다. 어제보다 오늘을 좀 더 낫게 살기 위해서는 효율적으로 의사소통을 하면서 부단하게 협상할 필요가 있거든요.

하지만 드물게는 외국어를 꽤 하는데 언변이 뒤처지거나 글을 잘 못 쓰는 경우도 보입니다. 그 사람이 만약 언어 공부를 소홀히 했더라면 그 수준보다도 더 낮은 수준으로 언어를 구사할 수밖에 없을 겁니다. 예를 들어볼까요?

저는 키가 매우 큽니다. 190센티미터가 넘지요. 그런데 이런 제게 본인이 이런저런 방법을 써서 키가 커졌다고 얘기하는 사람들이 가끔 있습니다. 사실은 제 키가 훨씬 큰데 말이죠. 하지만 단순히 제 키가 크다는 이유로 그분들이 하는 말을 무시할 수 있을까요? 아니죠. 만약 그분들이 영양 섭취도 엉망으로 하는 등 아무런 노력도 하지 않았다면 지금보다 키가 더 작았을 겁니다. 그렇기 때문에 누군가가 번역 AI의 발달로 인해 어학 공부를 소홀히 하게 된다면, 자신이 달성할 수 있는 어학 능력의 수준을 훨씬 낮추는 결과를 내게 되는 거지요.

두 번째 이유는 '검증 기능'입니다. 사람이 하는 일에는 항상 오류가 발생합니다. 아무리 계산기가 정확하다고 해도 결국 숫자를 입력하는 건 인간입니다. 인간은 자주 숫자를 잘못 누르지요. 계산기나 엑셀 수식 기능을 써서 결과물을 확인했는데, 생각보다 너무 큰 숫자나 너무 작은 숫자가 나오곤 합니다. 그래서 확인해보면 입력 과정에서 오류가 있었음을 발견하게 되고요. 입력한 숫자가 틀렸거나, 0을 하나 빼먹어서 단위가 완전히 달라지거나 하는 식이지요.

이렇게 결과물이 이상하다고 느껴서 다시 확인하는 과정을 거칠 수 있는 건 우리에게 기본적인 수리 능력이 있기 때문입니다. 기본적인 수리 능력이 부족하면 확인할 필요성을 아예 느끼지 못한 채 그냥 넘어가게 되죠.

외국어도 마찬가지입니다. 아무리 통역 기술이 발달하고 AI가 완벽해져도 통역의 대상이 되는 정보를 제공하는 건 우리 몫입니다. 이 과정에서 온갖 문제점이 발생할 수 있죠. 부정확한 발음, 사투리, 독특한 말버릇 등 여러 이유로 입력한 내용이 부정확해지기 쉽거든요. 이건 자신의 습관에서 비롯되므로 스스로 인지하기가 매우 어렵습니다. 게다가 외국어의 기본도 제대로 구사하지 못한다면 중간 검증을 전혀 하지 못합니다. 결국 내 의도와 전혀 다른 말이 상대방에게 전달돼도 좀처럼 알 수 없는 거죠.

세 번째 이유는 '상대방과의 관계' 때문입니다. 내가 외국어를 하지 못하는 상황에서 통역 도구를 써서 의사소통을 할 수 있다면 아예 의사소통이 안 되는 것보다는 낫겠지요. 하지만 본인이 직접 상대방과 감정을 공유하며 바로바로 반응하고 얘기하는 것보다는 훨씬 못합니다.

단순히 정보를 공유하는 것과 사람을 사귀는 건 전혀 다른 문제입니다. 중간에 한 단계를 거쳐 대화하게 되면 감정의 공유보다는 정보의 전달 수준에 그치는 경우가 많거든요. 여러분이 농담을 하는데, 중간에 설명이 필요해서 상대방이 항상 한 박자 늦게 반응한다고 생각해보세요. 계속해서 즐겁게 농담할 맛이 날까요?

우리는 보통 뭔가를 해야 할 때 그것을 해야 할 이유보다는 하지 말아야 할 이유를 찾습니다. 그리고 그 이유를 내게서 찾지 않고 외부에서 찾곤 하지요. '내가 게을러서 안 한다', '내가 관심이 없어서 안 한다'라고 얘기하는 경우는 거의 없습니다. 대부분은 '완벽한 번역 앱이 곧 나올 테니까', '일 때문에 시간이 없어서', '아이들 때문에 바빠서', '돈이 없어서' 등등을 핑계로 댑니다.

이제는 한번 '해야 할 이유'를 생각해보세요. 우리 뇌 속에 새 하드웨어가 장착돼 소프트웨어가 자동으로 업그레이드되지 않는 이상, 우리는 계속 언어와 수학을 배워야 하거든요. 상황이 이런데도 굳이 번역 앱과 AI를 우리의 핑계 목록에 추가할 필요는 없지 않을까요?

AI의 발달로 어학 공부를 소홀히 하면, 스스로 도달할 수 있는 언어 능력의 수준을 낮추게 됩니다. 기술이 아무리 발전해도 외국어 학습은 계속 이루어질 거예요.

무료 강의가 널렸다.
공짜로 배워도 되지 않을까?

공부에는 돈과 시간을 들여야 해요. 특히 시간을 들이지 않고 공부하는 법은 아예 세상에 없어요. 유튜브 영상을 통해서만 외국어 공부를 하면 돈을 들이지 않고 시간만 들여도 외국어를 어느 정도 익힐 수 있긴 합니다. 그러나 이 방법은 심각한 역효과를 낼 확률이 매우 높습니다. 혼자 배우면 언어로서 쌍방향 소통의 기능을 전혀 하지 못하고 일방적인 말만 하게 될 가능성이 크거든요. 돈 들여 공부하는 이야기를 하다 보니 생각나는 에피소드가 하나 있네요.

미국 캘리포니아에서 일할 당시, 부모님을 뵈러 한국에 오는 김에 외국어 학습법 특강을 한 번 했습니다. 보통 와인 강의는 많이 하는데, 외국어 관련 수업은 처음이었죠. 당연히 참석하신 분들에게 수강료를 받았습니다.

그랬더니 이상한 항의를 하는 사람이 있더군요. 특강을 듣고 싶은데 왜 유료 강의를 진행하느냐는 항의였습니다. 공짜로 강의해줬으면 좋겠는데 유료 강의라니 수강료 사용 내역을 공개해달라고 요구해왔습니다. 대답할 가치가 없는 요구였지요. 그분에게 묻고 싶더군요. 회사를 다니는지 아르바이트를 하는지 모르겠지만, 본인은 남을 위해 돈 안 받고 공짜로 일해주느냐고 말입니다. 제 유튜브 채널에 정성을 들여 만들어 올린 외국어 학습법 영상들과 와인 지식 영상들을 모두 공짜로 보니 제가 장소를 빌려서 실제로 서로 얼굴을 마주 보며 진행하는 강의까지 공짜로 들을 생각을 했던 모양입니다. 마트에서 공짜 시식만 쫓아다니던 사람이 음식점에 들어가서까지 공짜 음식을 내놓으라고 소리를 지르는 격이지요.

강의를 하는 건 제가 부단히 노력해서 남들보다 우월해진 지식을 청중에게 전달하는 일(work)입니다. 본인의 능력을 사용해서 '일'이라는 부가가치를 창출해내면 이에 대한 대가를 받는 게 정상입니다. 누구도 남을 위해 공짜로 일을 해주지는 않아요. 게다가 공짜로 일해주면 상대방이 그 가치도 몰라줍니다.

이런 일도 있었습니다. 당시에 국내에서 가장 잘나가던 와인 학원이었는데, 영국의 저명한 와인 교육기관으로부터 공식 인증을 받은 터라 인기가 꽤나 많았습니다. 와인 업계에서 제일 잘나간 그 학원의 원장이 제 대학 선배였지요. 하루는 그 선배에게서 연락이 왔습니다. 외국에서 최고 와인 전문가 중 한 명이 방문해 세미나를 진행하려는데 제게 영어 통역을 부탁하고 싶다고요.

그런데 부탁 내용이 처음부터 좀 기가 막혔지요. 고급 영어 통역을 부탁하고 싶은데 본인도 이윤을 많이 내지 못하는 세미나이기 때문에 사례를 하기는 어렵다더군요. 그때 저도 이미 와인 업계에서 프로로 활동하고 있었습니다. 저 같은 고급 인력을 데려다 쓰면서 돈은 주지 못하겠다니 딱히 달갑지는 않았지만 잘 알고 지내는 선배여서 그렇게 하겠다고 말했습니다. 그래서 세미나 당일이 되어 양복을 갖춰 입고 집에서 출발할 준비를 마친 뒤에 선배에게 전화를 걸었지요. 어디로 가면 되냐고 물었습니다. 그랬더니 선배가 이러더군요.

"앗, 너한테 얘기한다는 걸 깜빡했네. 고민해봤는데 오늘 통역은 워낙 중요해서 내가 직접 하는 게 나을 것 같아. 그냥 내가 통역하기로 마음먹었어. 하지만 네가 오고 싶으면 와. 세미나 티켓은 반값에 줄게."

어이없었지요. 공짜 통역 요청에 이미 기분이 썩 좋지 않았는데, 그것마저 임의로 취소한 뒤에 따로 알려주지도 않고, 이제 와서 제가 참석할 생각이 전혀 없는 세미나를 돈을 내고 들으라는 겁니다. 공짜로 도와달라던 사람이 갑자기 저한테 몇만 원짜리 티켓을 팔려 하다니요. 저는 관심이 없다고 대답하고서 전화를 끊었습니다. 그 뒤로 그 학원 근처에도 가지 않았죠. 위층에는 학원, 1층에는 와인숍, 지하에는 아주 큰 와인 바가 있는 '와인 빌딩'인데 그 이후로 단 한 번도 얼씬거린 적이 없네요. 지금은 개인 사업을 하는 그 선배를 언젠가 와인 시음회에서 우연히 한 번 만났습니다.

"그렇게 바쁘냐? 연락도 한 통 없고. 잘나가나 보지?"

선배는 사과 한 번 없이 비아냥대기까지 하더군요. 프로라도 자신이 창출하는 부가가치에 대해 정당한 대가를 당당하게 요구하지 않으면 이런 대우를 받게 됩니다. 그 이후로 저는 다시는 돈 있는 사람들에게 일대일로 공짜 서비스를 제공하지 않아요. 반드시 정당한 대가를 요구합니다. 물론 SNS를 통한 지식의 전파나 자원봉사, 공익 목적의 경우는 예외지요.

여러분이 누군가에게서 외국어를 배우는 데 적당한 수업료를 지불하지 않으면 수업의 질이 급격히 떨어집니다. 수업의 질을 어느 정도 누리려면 최소한의 수업료라도 지불해야 합니다.

저는 공짜 언어 교환도 해보고, 시간당 5만 원짜리 수업도 경험해봤습니다. 시간당 7달러, 10달러인 수업도 해봤는데, 수업료 대비 만족도가 가장 높은 건 시간당 10달러짜리 수업부터 시작하더군요. 저는 '프레플리(Preply)'라는 온라인 화상수업 사이트를 이용하곤 했는데, 수업료가 시간당 10달러 미만으로 낮아지면 선생님들의 수준이 떨어지거나 선생님들이 수업에 의욕적으로 임하지 않습니다. 시간당 10달러를 넘어가기 시작하면 수준 높은 선생님들이 열정적으로 강의해주기 시작해요. 그래서 시간당 10달러에 많은 언어를 배웠죠. 사실 10달러면 친구와 카페 한 번 이용하는 것과 별 차이 없잖아요?

이렇게 정당한 대가를 지불해서 상대방의 노동력을 구매해야 여러분도 수업에 더 열심히 임하고, 선생님도 더 성심껏 여러분을 가르쳐주게 됩니다. 남에게 가르침을 청하면서 공짜를 바라지는 마세요. 얻는 것도 적고, 잘못하면 와인 학원 원장이었던 선배가 제 신용을 잃은 것처럼 사람도 잃는 결과를 초래합니다.

> 누구도 남을 위해 공짜로 일해주지 않아요. 그렇게 일해주면 상대방이 그 가치도 몰라줍니다. 공부에는 돈과 시간을 들여야 해요.

★ 외국어 공부에 관한 오해와 편견들

Tip
재미없는 공부법, 이렇게 바꾸자

외국어 공부를 한 지 이미 수십 년이 되어가는데도 실력이 당최 늘지 않나요? 여러분만 그런 것이 아닙니다. 많은 사람이 똑같은 어려움을 겪고 있어요. 그 이유는 정말 간단합니다. 매우 비효율적인 방법으로 공부하고 있거나, 아니면 진짜 재미없게 공부하고 있기 때문입니다. 다른 이유 없이 이 둘 중 하나예요. 하다못해 밥 한 끼를 먹어도 내가 먹고 싶은 음식을 먹는 것과 '오늘도 또 이걸 먹는 거야?'라고 생각하며 마지못해 숟가락을 드는 건 전혀 다르잖아요?

하지만 지금 외국어 공부가 즐겁게 느껴지지 않더라도 괜찮습니다. 제가 알려드리는 대로 실천해서 외국어 실력이 확 좋아지면, 그때에는 여러분도 외국어 공부 자체에 재미를 느끼기 시작하게 될 거니까요. 그때에 이르러 여러분이 외국어 공부를 진심으로 좋아하게 되는 이유는 간단해요. 남들보다 외국어를 잘하게 되었기 때문에 우쭐해져 잘난 기분이 들고,

그 우월감이 여러분의 외국어 공부를 비로소 즐겁게 만들어주는 것이죠. 하지만 이건 나중의 이야기이고, 지금 여러분에게는 해당 사항이 없습니다.

그러니 여러분이 할 수 있는 방법은 학습법을 타구는 것뿐입니다. 지루한 학습 소재는 떨쳐버리고 재미있거나 흥미로운 학습 소재로 바꾸세요. 자기 일을 사랑하는 분은 외국어 공부의 주제를 본인의 업무와 관련지으세요. 무엇이든 학습 소재가 될 수 있습니다. 자기 직업뿐만 아니라 자전거나 등산 같은 취미, 영화 보기나 게임 같은 오락도 외국어 공부를 위한 소재로 충분합니다.

자전거 타기가 어떻게 학습 소재가 될 수 있냐고요? 자전거를 구성하는 각각의 부품이 외국어로 무엇인지부터 배우세요. 그러고 나서 자전거 바퀴가 돌아가는 원리와 그 모습을 어떻게 표현하는지 배우시고요. 여러분이 자전거 안장에 앉았을 때의 느낌을 묘사하는 법도 배워보세요. 자전거를 타는 동안 여러분에게 드는 감정, 여러분이 겪는 문제점이나 어려움을 사실적으로 표현하는 방법도 공부합니다. 자전거를 타는 목적과 이유, 자전거를 계속 타면서 성취하고 싶은 본인의 미래 모습을 외국어로 어떻게 잘 풀어내서 설명할 수 있는지를 질문해서 배우는 겁니다. 이 정도까지 훌륭하게 배우면 여러분의 외국어 실력은 이미 어마어마한 수준이 되어 있지요.

주위에 있는 여러분의 관심사, 취미, 업무 등 이 모두 것이 훌륭한 외국어 학습 소재입니다. 그냥 갖다가 쓰기만 하면 돼요. 어째서 굳이 내 관심사도 아닌, 남이 만들어낸 소재로 억지 공부를 하나요? 어차피 재미없는 외국어 공부인데 소재 하나만이라도 재미있는 것으로 정해서 공부해보세요.

취미나 기호, 해야 할 일에 관해 한 번도 진지하게 돌아본 적이 없어서 '내가 뭘 좋아하는지도 모르는 상태'라면 하다못해 본인이 매력을 느끼는 선생님을 선택해서 공부하는 방법이라도 쓰세요. 물론 멀리 외국에 사는 선생님과 실제로 만날 기회는 거의 없다고 봐도 무방합니다. 그러나 선생님의 표정이 밝거나 목소리가 좋거나 매너가 좋거나 하는 식으로 본인을 행복하게 만들어주는 요소가 조금이라도 있으면, 선생님과 의사소통을 좀 더 잘하기 위해서라도 외국어를 더 열심히 배우게 되거든요.

이렇게 하다 보면 어느 순간 여러분에게도 외국어 공부 자체가 즐거워지는 날이 드디어 오게 됩니다. 많은 언어를 배워온 저는 매번 다른 언어를 평균 수준 이상으로 익힐 때마다 밀려오는 강력한 즐거움을 여러 번 경험했습니다. 새로운 언어를 배우기 시작할 때마다 그런 순간이 올 것을 이미 알고 있지요. 사실 처음 공부를 시작할 때부터 벌써 그런 순간을 기다리고 있습니다. 한창 배고플 때 맛있는 음식을 먹기 시작하면, 이미 다 먹고 난 뒤에 행복한 포만감으로 미소 지을 거라는 걸 우리는 알고 있잖아요. 이와 마찬가지입니다. 여러분이 외국어 공부를 하다가 어느 순간 그런 행복한 웃음을 짓는 모습을 저는 꼭 보고 싶어요. 그렇게 하기 위해서는 지금 마지못해 따라가고 있는 재미없는 공부법을 반드시 바꿔야 한답니다.

서른 넘어 영어 공부는 달라야 한다

어른들의 공부법은 아이들과 어떻게 달라야 할까?

　아이들의 언어습득력은 마른 스펀지가 물을 빨아들이는 것과도 비슷합니다. 누군가가 지나가듯이 중얼거리는 외국어를 흘려들어도 순식간에 아주 정확하게 똑같이 따라 하거든요. 노력할 필요조차 없어요. 그냥 바로 똑같은 소리가 나옵니다. 게다가 딱히 설명을 안 해도 자연스럽게 이해하기 시작하죠. 물론 옆에서 챙겨주면서 상냥하게 자세한 설명을 하면서 도와주면 더욱 빠르고 정확하게 언어를 습득합니다. 그렇다고 따로 특별히 신경을 쓸 필요는 없지요.

　하지만 어른들의 언어습득력은 정반대입니다. 스펀지는커녕 일반 종이 수준도 안 돼요. 마치 방수포 같죠. 머릿속에 외국어를 어떻게든 쑤셔 넣으려고 해도 온몸이 기를 쓰고 튕겨 내거든요. 흡수는커녕 살짝 젖지도 않습니다. 100퍼센트 방수 기능이 완벽하게 작동하는 게 바로 우리 어른들의 언어습득력이에요. 원래 어렸을 때는 어른들도 언어 스펀지였는데 크면서 서서히 종이가 되었다가 마침내 방수포로 변한 것이지요.

그래서 아이들이 외국어를 배우는 모습을 보며 어른들이 아무리 따라 하려고 해도 소용없어요. 스펀지와 방수포는 기능 자체가 전혀 다르잖아요? 어른들은 아이들과는 전혀 다른 방법으로 외국어 공부를 시작해야 합니다. 아이들은 가만히 두어도 주위에 있는 언어까지 모두 빨아들이지만 어른들은 그렇지 않습니다. 어른들의 언어학습법은 옥석을 잘 가려서 최대한 좋은 방법을 취사선택하는 방향으로 철저히 향해야 합니다. 스펀지 기능이 멈추었기 때문에 이를 보완할 수 있도록 효율적인 방법을 추구해야 하죠. 이해하기 쉽도록 예를 하나 들어볼게요.

언제인지 기억도 나지 않지만, 운전면허를 딴 뒤에 도로 연수를 받았을 때입니다. 잘 가르친다는 운전 연수 선생님을 지인에게서 소개받고 그분한테 한 달쯤 운전을 배웠던 것 같습니다. '무슨 운전 연수를 한 달이나 받아?'라고 생각하는 분들이 있겠지만, 저는 새로운 것을 접할 때 배우는 속도가 남들보다 많이 느린 편입니다. 그래서 다른 사람들보다 더 충분하게 준비한 거죠. 괜히 서둘러서 혼자 차를 몰고 나갔다가 사고라도 내면 아낀 연수 비용과는 비교도 할 수 없이 닳은 돈을 지불하게 될 수도 있으니까요.

그분은 서두르지 않고 찬찬히 운전하는 법을 가르쳐주셨습니다. 사각지대를 없애주는 작은 거울을 제 차의 백미러에 달아주기도 하는 등 섬세한 부분까지 신경을 많이 써주셨지요. 그렇게 큰 문제 없이 운전을 잘 배우다가 어느 날 난관에 부딪히게 됐습니다. 바로 일렬주차였지요. 길가에 일렬로 서 있는 차들 사이에 한 대가 들어갈 공간이 있을 때 그곳에 적절히 잘 집어넣어 주차하기란 정말 어렵더군요.

일렬주차를 해야 하는 상황이 되면 저는 일단 패닉상태에 빠졌습니다. 도저히 저 좁은 공간에 이 큰 차가 들어가지 못할 것 같았고, 제 차의 앞 끝과 뒤 끝이 어디쯤인지도 감이 전혀 안 오더라고요. 그 좁아 보이는 공간에 차를 밀어 넣으려면 제 차의 앞 끝이 앞차의 뒤 끝에 반드시 닿고야 말 거라는 생각이 들었습니다. 그럼에도 연수 선생님의 말씀에 따라 '괜찮을 거야'라고 굳게 믿으면서 계속 차를 들여놓다 보면 이번에는 제 차의 뒤 끝이 뒤차의 앞 끝과 반드시 충돌할 거라는 이상한 확신이 생겼습니다. '진퇴양난(進退兩難, 앞으로 나가지도 뒤로 물러서지도 못하는 상태)'이라는 사자성어가 이럴 때를 위해 생겼나 하는 생각까지 들었죠.

하지만 절대로 괜찮으니 자기 지시를 그대로 따라서 움직이라는 연수 선생님의 말씀을 굳게 믿고 끝까지 주차했습니다. '그렇게까지 말씀하시는데 설사 남의 차를 긁게 된다고 해도 선생님이 배상해주시겠지'라는 근거 없는 확신까지 갖고 말이죠. 그런데 정말 희한하게도 선생님의 말씀대로 주차하면 아무리 좁은 공간이라도 단 한 번에 일렬주차가 가능하더군요. 선생님이 제게 알려주신 방법은 다음과 같았습니다.

"일단 빈 공간을 발견하면 그 앞에 있는 차의 옆면과 수평으로 차를 대세요. 앞차의 옆면과는 손 한 뼘 좀 넘는 거리가 되도록 근접하세요. 그리고 계속하여 앞차와 평행을 유지하며 내 차의 절반 이상이 앞차의 뒤 끝부분을 넘기도록 전진한 뒤에 정지합니다. 그렇게 정지한 상태에서 핸들을 완전히 반대쪽으로 틀어놓은 다음에 그대로 후진하세요. 앞차 트렁크의 모서리가 내 보닛 앞에서부터 2/3지점까지 왔을 때 다시 핸들을 다른 반대편으로 완전히 틀어서 계속 후진하면 단 한 번에 일렬주차를 할 수 있습니다."

그분은 운전을 아주 잘하셨습니다. 그러니까 운전 연수 선생님이셨겠지만요. 주차도 끝내주게 하는 분이었지요. 그분이 운전과 주차를 기가 막히게 하시는 모습을 본 뒤에 저는 그분의 방법론을 100퍼센트 신뢰하고 따라 했습니다. 그랬더니 신기하게도 일렬주차를 금방 배우게 되더군요.

여러분도 제가 알려드리는 방법들 중에서 유용하다고 여겨지는 부분은 반드시 믿고서 따라와야 합니다. 신뢰가 생기지 않는다면 제 유튜브 채널 〈와인킹〉에서 제가 8개 국어를 자유롭게 구사하는 영상을 먼저 보세요. 그러고 나서 '저 사람이 나보다 잘하네'라는 생각이 들면 제 방법론을 믿고서 따라와야 합니다.

'나보다 나은 사람이 제시하는 방법론에 대한 절대적인 믿음'은 매우 중요합니다. 제가 운영하는 〈와인킹〉 채널은 2019년 가을부터 2020년 가을까지 1년 동안 극심한 정체기를 겪었습니다. 구독자가 늘기는커녕 오히려 서서히 줄더군요. 그때의 제 회사 사장님은 제가 유튜브 채널에 규칙적으로 열정과 에너지를 쏟고 있다는 사실을 잘 알고 있었기에 한 가지 제안을 하더군요. 혼자 고생하지 말고 그와 관련해서 직접 컨설팅을 받아보는 것이 어떻겠냐고요. 당시에 저는 이렇게 대답했습니다.

"현재 제 구독자 수가 3만 4,000명인데, 여기는 미국이고 인구가 한국의 6배니까 미국 유튜버 중에서 구독자 수 20만 명이 넘는 분이라면 컨설팅을 받겠습니다. 하지만 그런 분들은 컨설팅 비용도 어마어마할 테고 자기 일을 하느라 바빠서 저 같은 사람에게 컨설팅해줄 시간도 없을 겁니다. 만약 제게 컨설팅해준다면 그건 그분의 채널이 요즘 잘 안 돌아가 시간이 남을 가능성이 꽤 높다는 이야기가 될 수도 있고요. 그런 사람에게 굳이 돈을 많이 주면서 컨설팅을 받을 필요는 없겠죠."

그래서 저는 저보다 훨씬 구독자가 많고 요즘 핫하게 잘나가는 유튜버들의 채널을 방문했습니다. 그분들의 방법을 분석하고 배워서 제 채널에 적용하기 시작했죠. '이런 게 아직도 유효할까?'라는 의구심이 들기도 했지만 일단 그분들의 방법을 배우고 익혀서 제 식으로 조금씩 변형했습니다. 그렇게 해서 1년 뒤에는 구독자가 3배나 증가했네요.

혼자서는 어떻게 해야 할지 잘 모르겠고 스스로 고민해서 궁리해낸 방법이 좀처럼 안 통한다면 믿을 이유가 있는 사람을 골라서 그 사람의 방법을 배우세요. 제 방법론을 믿고서 따라오라고 강하게 권하고 싶은 이유가 여기에 있습니다.

그럼 지금부터 여러분에게 '서른 넘어 언어 공부'는 어떻게 달라야 하는지 구체적인 방법론을 알려드리겠습니다.

어른들의 언어습득력은 마치 방수포 같습니다. 흡수는커녕 살짝 젖지도 않지요. 그래서 '나보다 나은 사람이 제시하는 방법론에 대한 절대적인 믿음'이 무엇보다 중요합니다.

이 나이에 단어를 몇 개나 외워야 외국인과 대화가 될까?

120개만 외우면 됩니다. 우선 120개만 외우세요. 120개를 외우는 데 조건이 하나 있습니다. 단어가 어느 특정 분야에만 치우치면 안 됩니다. 예를 들어 제 직업이 와인 마케터인데 와인과 관련된 단어만 120개를 외우는 것은 아무런 도움이 되지 않습니다.

단어를 외울 때 편식하지 말라는 이야기죠. 문법 측견으로도 골고루 외워야 합니다. 명사 30개, 형용사 20개, 부사 20개, 동사 50개 하는 식으로 단어의 문법적인 요소를 골고루 분포시켜야 하는 겁니다. 단어를 제한해서 암기하면서도 상디적으로 자유롭게 의사 표현을 할 수 있는 유일한 방법은 동사를 최대한 다양하게 활용하는 것이기 때문에 동사는 다른 품사들보다 두세 배의 양을 익혀야 합니다.

저는 2004년부터 2005년까지 프랑스에서 어학과 와인 공부를 목적으로 체류했는데, 프랑스로 떠나기 전에 우리나라에서 1개월간 프랑스 선생님으로부터 일대일 발음 교육을 받았습니다. 일주일에 두 번씩 한 달간 8번의 수업을 했지요. 2주 정도 지났을 때 선생님이 제게 그러시더군요.

"단어는 손에 꼽을 정도로 몇 개밖에 모르는데 어떻게든 문장을 만들어내어 말을 하는 게 신기하네요."

저 같은 사람은 처음 봤다고 하시더군요. 본인이 경험한 한국인들은 하나같이 단어를 엄청나게 많이 알고 문법에도 빠삭한데 그에 비해 실제 회화는 너무 못했다면서요. 사실 우리가 일상생활을 영위하면서 빈번하게 사용하는 단어들은 그리 많지 않습니다. 물론 특별한 주제의 전문 영역으로 들어가서 토론하려면 훨씬 많은 단어를 익혀야 하죠. 그렇지만 일상적인 생활을 하면서 쓰는 단어는 생각보다 한정되어 있습니다.

그럼 어떤 단어들을 외우면 될까요? 어떤 외국어든 이제 막 배우기 시작하는 분이라면 다음 단어들을 해당 외국어로 찾아서 먼저 외워보기를 권합니다.

• 동사 47개

깨다(일어나다), 씻다, 먹다, 마시다, 잡다, 들다, 놓다, 걷다, 달리다, 타다, 내리다, 말하다, 웃다, 움직이다, 멈추다, 일어나다, 앉다, 굽히다, 펴다, 만들다, 부수다(망가뜨리다), 놓다, 세우다, 떨어지다, 열다, 닫다, 접다, 바라보다, (냄새를) 맡다, 만지다, 생각하다, 하다, 날다, 누르다, 놓다, 매달리다, (불을) 켜다, 끄다, 밟다, 자다, 덮다, 좋아하다, 되다, 시작하다, 끝내다, 도착하다, 떠나다

• 형용사 24개

큰, 마른, 행복한, 예쁜, 불만인, 바쁜, 조용한, 긴, 평평한, 직선인, 딱딱한, 더운, 궁금한, 높은, 밝은, 뾰족한, 무거운, 빽빽한, 기울어진, 아픈, 투명한, 깨끗한, 많은, 쉬운

• 부사 15개

열심히, 빠르게, 매우, 아니, 결코, 물론, 더욱, 넓게, 세게, 빠르게, 직접적으로, 갑자기, 멀리, 이전, 이후

• 명사 23개

문, 사람, 자동차, 일, 음식, 마실 것, 몸, 집, 회사, 상점, 음식점, 고기, 채소, 탁자, 의자, 나무, 금속, 컵, 화장실, 오후, 바닥, 시간, 장소

- 그 외 8가지와 숫자

~과/그리고, 그러나, 게다가, 그래서, 반대로, ~에(at), ~로부터, ~으로(to), 숫자

눈치 빠른 분들은 이미 알아채셨겠지만, 위에 정리한 단어들을 자세히 살펴보면 특이 사항이 있습니다. 형용사와 부사를 보면 반대말을 적어놓지 않았지요. 반대말은 부정을 해서 그 의미를 만들어낼 수 있거든요. 예를 들어 형용사에서 꼭 외울 단어로 '큰(big)'은 넣었지만, '작은'은 포함하지 않았어요. '작은'은 '큰'에다가 부사의 '아니(not)'를 붙여서 '안 큰'으로 만들면 뜻이 충분히 통하잖아요. 마찬가지로 '추운'도 없지만 '안 더운'으로 표현하면 그 뜻을 전하는 데 별문제가 없지요. 부사인 '빠르게'도 '안 빠르게'로 얘기해도 '느리게'라는 의미가 웬만큼 전달됩니다.

이렇게 말하고 싶은 단어를 정확히 몰라도 본인의 의사를 표현할 수 있는 방법을 깨우치면서 익혀나가는 것이 중요해요. 단어를 적게 알아도 돌려 말하고 달리 말해서 자기 의사를 최대한 전달하는 것이 이 방법의 핵심입니다.

'어떻게 말해야 할지 모르겠다'라는 생각은 더 이상 할 필요가 없어요. 어휘력이 모자라지만 '어떻게 하면 최대한 내 의도와 비슷하게 표현할 수 있을까'를 고민하며 떠듬떠듬 말을

이어가기 시작하면 이미 유창한 외국어 회화에 절반 이상 다가가는 겁니다. '단어를 몰라서 말을 못 했다', '어휘력이 부족해서 말이 안 나온다'는 핑계는 이제 집어치우세요. 대신에 '단어를 잘 몰라도 어떻게든 말을 해봤다', '어휘력은 달리지만 어쨌든 의사 표현은 해냈다'의 방향으로 나아가야 합니다. 예를 들어서 원래는 다음과 같은 말을 하고 싶었다고 가정해볼까요?

"아침에 일어나자마자 커피를 한잔 마시려고 하다가 실수로 잔을 떨어뜨려서 집이 엉망이 되었어. 속상해 죽겠네."

이 문장에는 제가 꼭 외워야 한다고 추천한 단어가 아닌 것들이 많이 보입니다. 필수 암기 단어 리스트에는 없지만 위 문장의 의사 전달을 하려면 꼭 필요한 단어들이 뭐가 있는지 한번 볼까요?

아침, ~자마자, 커피, 실수로, 떨어뜨리다, 엉망, 속상해

간단한 문장을 말하는 데 단어를 이렇게까지 모르면 대부분은 말하기를 포기하죠. 하지만 더 이상 그러지 마세요. 우리가 함께 익힌 120개 단어 중에서 골라 아래와 같이 표현하면 위 문장과 거의 동일한 의미를 전달할 수 있습니다.

"오후 이전에 갑자기 일어났다. 마실 것을 마셨다. 갑자기 컵이 떨어졌다. 깨졌다. 그래서 집이 안 깨끗하게 되었다. 안 행복하다."

어떤 상황인지 아시겠어요? 위에서 외운 몇 가지 단어를 최대한 활용하면 원래 문장과 매우 비슷하게 의사 전달이 가능해지는 겁니다. 문장을 하나 더 예로 들어보겠습니다.

"저녁때 퇴근하는데 지하철이 얼마나 붐비는지 사람들한테 치여서 죽는 줄 알았네. 짜증 나고 힘들어 죽겠어."

이 문장을 우리가 익힌 단어들로만 표현하면 이렇습니다.

"오후 이후에 회사로부터 집으로 왔어. 자동차에 탔어. 사람들이 많아서 쉽지 않았어. 불만이었어."

그리고 똑같은 문장을 다른 필수 암기 단어들을 써서 다음과 같이 표현할 수도 있지요.

"늦은 시간에 일을 끝냈어. 자동차에 사람이 많았어. 집에 빠르게 도착하지 않았어. 행복하지 않았어."

세 문장을 보면 묘사하는 방식이 조금씩 다릅니다. 필수 암기 단어로만 만들어낸 아래 두 문장이 첫 문장처럼 자연스럽게 들리지는 않지만 무슨 말을 하려는지 누구라도 이해는 할 수 있습니다. 바로 이런 게 중요합니다. 외국어는 이렇게 배우기 시작해야 하는 거예요.

여러분이 어떤 외국어를 배우시든 마찬가지입니다. 제가 적어드린 필수 암기 단어를 해당 외국어 단어로 먼저 외운 다음에 더 많은 단어를 암기할 생각은 말고 문장부터 만들기 시작해보세요. 아기가 어휘력이 부족해서 말을 못 하지는 않잖아요? '엄마', '아빠'부터 시작해서 '배고파', '그거 먹을래' 등을 거쳐 '콩밥은 싫어, 흰쌀밥 먹을래'에 이르기까지 아기는 자기가 알고 있는 어휘를 최대한 활용해서 의사 표현을 합니다.

어른이 아기처럼 말을 배울 수는 없어도 중요한 단계의 학습법 몇 가지를 차용할 수는 있습니다. 가장 좋은 외국어 학습법은 기본적으로 아기처럼 배우는 건데, 어른들은 그 부분을 담당하는 뇌가 굳어서 더 이상 그렇게 못할 뿐이지요. 하지만 따라 하고 활용할 수 있는 부분은 최대한 적용해보자고요.

**'단어를 몰라서 말을 못 했다'는 핑계는 이제 넣어두세요.
'단어를 잘 몰라도 어떻게든 말을 해봤다'의 방향으로
나아가야 합니다.**

어른이 언어 공부를 할 때 반드시 가져야 할 태도

3장에 들어와 제일 처음에 말씀드렸듯이 어른의 언어학습법은 아이의 언어학습법과는 확연히 다릅니다. 언어를 받아들이는 뇌가 더 이상 말랑말랑하지 않기 때문에 아이의 학습법을 적용할 수 없지요. 그러나 아이가 언어를 배우면서 취하는 태도, 그 과정에서 의미 있는 몇 가지 방법이나 경로를 어른의 언어학습법에도 적용하면 큰 도움이 됩니다. 그중 하나가 바로 '호기심 학습법'입니다.

아이를 데리고 산에 가면 아이는 체력이 받쳐주는 한 여기저기 뛰어다닙니다. 그러다가 다람쥐를 발견하면 그 다람쥐를 쫓아가지요. 다람쥐 자체가 신기하고, 그 다람쥐가 어디서 와서 어느 곳으로 가는지, 뭐 하러 가는지, 혼자서 움직이는지 다른 다람쥐는 또 없는지 등등 전부 궁금합니다. 그 모든 걸 알고 싶어서 다람쥐를 따라 뛰기 시작하지요.

그럼 어른은 어떨까요? 다람쥐가 앞을 가로질러 지나가면 어른은 이렇게 생각합니다.

'응, 다람쥐네.'

여기서 한 단계 더 나아가는 어른은 다음과 같은 생각을 추가로 합니다.

'귀엽네.'

어찌 됐든 간에 아이가 보이는 호기심의 반의 반도 갖지 못합니다. 도시에 살아서 어른도 다람쥐를 볼 일이 별로 없는 건 마찬가지인데 말이지요.

외국어를 배울 때는 이 부분을 바꿔야 합니다. 아이가 갖는 호기심의 절반만이라도 보여야 합니다. 제가 이렇게 말하면 많은 분이 또 이렇게 생각할 겁니다.

'딱히 호기심을 가질 게 뭐가 있어? 그냥 배우면 되지.'

'뭘 알아야 호기심을 갖든 말든 하지.'

틀렸습니다. 모르기 때문에 호기심을 갖는 것이고, 아무 생각 없이 그냥 배워도 안 됩니다. 제가 일본인 선생님에게서 일본어를 배우며 호기심을 어떻게 풀어냈는지 그 과정을 생생하게 보여드릴게요.

일단 저의 외국어 수업은 제 질문으로 시작해서 제 질문으로 끝납니다. 그래서 제 경우에는 외국어 선생님이 '자, 오늘은 이걸 배울 겁니다' 하고 준비해 오지 않아요. 수업은 매번 1시간 동안 이루어지는데, 선생님이 먼저 준비한 수업 내용이 아니라 100퍼센트 제 질문으로 채워집니다. 제 수업은 저의 호기심을 풀어내는 과정이지요.

제가 했던 질문 중 하나입니다.

"汽車? どういうことですか?(기차라고요? 무슨 말씀을 하고 싶으신 거예요?)"

제 유튜브 채널의 콘텐츠에서 회사 사장이 하는 농담에 제가 반응한 걸 일본어로 번역한 내용입니다. 여기서 저는 이 문장을 제가 아는 다른 형태로 바꿔봤고, 이 문장들이 원래 문장과 동일한 의미를 가질지가 궁금했습니다.

"汽車? どんな話ですか?(기차라고요? 무슨 얘기세요?)"
"汽車? 何を話してますか?(기차라고요? 무슨 말씀을 하시는 거예요?)"

여러분은 반드시 이 과정을 거칠 수 있도록 스스로 훈련해야 합니다. 최소한 뭔가 하나를 들으면 다른 한 가지는 새롭게 궁금한 것이 생겨야 해요. 물론 처음에는 잘 안됩니다. 어른이 되면서 궁금해하는 법을 잊어가기 시작했고, 그 시간이 꽤나 길었기 때문에 일부라도 회복하기가 쉽지 않거든요. 그렇다고 절대로 어려운 일도 아닙니다. 문장에서 시작하기 어려우면 단어 하나로 시작하세요. 단어를 통해 호기심을 풀어내는 법은 일단 지금 제가 하던 설명을 마저 마치고 좀 더 구체적으로 알려드리겠습니다.

제가 두 가지 문장을 제시하면서 구체적으로 호기심을 풀어내니 선생님이 잠시 고민하시더군요. 그러고는 제가 질문한 두 문장은 원래 문장과 매우 비슷한 느낌의 질문이기는 하다고 답변하시기 시작했지요. 그러나 원래 문장에서는 굳이 기차를 언급한 상대방의 '의도 자체'가 궁금해서 질문한다는 것이 명확하지만, 제가 다르게 구상한 두 문장 가운데 하나에서는 질문의 의도가 분명치 않다는 겁니다.

첫 번째 문장인 "汽車? どんな話ですか?(기차라고요? 무슨 얘기세요?)"는 원래 문장과 동일하게 상대방이 굳이 기차를 언급한 의도를 확인하기 위한 질문입니다. 하지만 두 번째 문장인 "汽車? 何を話してますか?(기차라고요? 무슨 말씀을 하시는 거예요?)"에서는 제가 '기차'라는 단어를 제대로 못 들어서 '방금

기차라고 하신 거예요?'라고 묻는지, '왜 이 상황에서 뜬금없이 기차를 언급하시는 거예요?'라고 상대방의 의도를 파악하기 위해 묻는지가 불명확합니다. 단순히 단어에 관한 질문인지, 말한 사람의 의도에 관한 질문인지 알 수 없다는 것이죠.

여기서 저는 '아하, 그런 차이가 있었구나' 하면서 무릎을 탁 쳤습니다. 저는 호기심을 풀어냈고, 그 대가로 제 호기심에 관한 명확한 답을 얻었습니다. 그런데 선생님이 여기에 보너스로 아래 두 문장을 추가해줍니다.

"汽車? どう言う意味ですか?(기차라고요? 어떤 의미로 하시는 말씀이세요?)"

"汽車? 何を言っていますか?(기차라고요? 무슨 이야기를 하시는 거예요?)"

그런데 이것도 제가 질문한 문장들과 마찬가지로 두 가지 경우로 나누어진다는 겁니다. 첫 번째 문장인 "汽車? どう言う意味ですか?(기차라고요? 어떤 의미로 하시는 말씀이세요?)"는 상대방에게 왜 기차를 언급했는지 그 의도를 묻는 것이고, 두 번째 문장인 "汽車? 何を言っていますか?(기차라고요? 무슨 이야기를 하시는 거예요?)"의 경우에는 기차라는 단어를 못 들어서 질문하는지, 기차를 언급한 상대방의 의도를 궁금해하는지 불명확하다고요.

저는 한 가지 문장을 보고서 두 가지 질문을 추가했는데 선생님이 그와 관련해 두 문장을 추가로 더해줘서 총 다섯 문장을 익혔습니다. 게다가 아주 비슷한 다섯 가지 외국어 문장의 섬세한 느낌 차이까지 배운 것이죠. 호기심을 쏟지 않으면 절대로 이렇게 배울 수 없습니다. 또한 이 다섯 문장을 배우는 사이에 호기심 가득한 저의 질문이 추가로 얼마나 많이 쏟아져 나왔는지 아세요? 물론 저는 그 질문들에 대한 답변을 모두 얻어냈습니다. 이렇게 얘기하면 사람들은 또 다음처럼 말하곤 합니다.

"그거야 당신이 8개 국어를 하는 사람이니까 가능한 방법이겠지."

저는 2년 동안 일주일에 세 번, 하루 2시간씩 영어학원에 가서 앉아 있으면서 질문 하나 한 적이 없습니다. 일주일에 6시간씩 총 624시간을 꿀 먹은 벙어리로 지낸 뒤에 이대로는 도저히 안 되겠다고 생각했기 때문에 최적의 외국어 학습법을 찾아서 변화하기 시작했어요. 여러분도 조금씩 변화해야 하는 것뿐입니다.

저 앞에 보이는 감나무에 감이 달려 있는데 제자리를 고수하면서 감을 내놓으라고 하면 누가 감을 따다 주나요? 무거운 엉덩이를 일으켜 감나무까지 다가가 손을 뻗어서 감을 비틀어 딴 후 깨끗한 물에 씻고 껍질을 깎는 수고까지 해야 비로소 여러분의 입에 달콤한 감 한 조각이 들어가게 되는 법이죠. 눈에서 레이저가 나오는 것도 아니고, 제자리에 퍼질러 앉아서 아무리 감을 달라고 목이 쉬도록 소리쳐봤자 감을 먹을 일은 없습니다.

처음 공부를 시작하는 사람은 저처럼 호기심을 구체적으로 길게 풀어내고 문장들 간의 뉘앙스 차이를 주제로 토론하며 외국어를 배우기는 어려울 수 있어요. 그렇다면 다음과 같이 먼저 단어의 차이에 관해 호기심을 가져보세요.

"ド―アと門は何が違いますか?(도어와 문은 뭐가 다른가요?)"
"家と内はどう違いますか?(집1과 집2는 어떤 차이가 있나요?)"

둘 다 단어의 차이에 관한 질문들이지만, 실제로는 단순한 의도로 단어의 차이를 묻는 게 아닙니다. 첫 번째 질문을 통해서는 동일한 의미를 지닌 단어인데 외래어를 쓰는 현상에 대해 더 깊은 이야기를 나눌 수 있죠.

두 번째 질문은 아예 우리말에는 없는 개념에 관한 설명으로 이어갈 수 있습니다. 일본어로 家(いえ)와 内(うち)는 모

두 '집(home)'을 의미하는데 용도가 달라요. 우리달에는 존재하지 않는 개념 차이입니다. 우리말로 억지로 번역하자면 '집'과 '가정' 정도가 되겠지만, 실제로 일본어 문장 속에서 써보면 전혀 다른 사용법을 보이거든요. 둘 다 기본적으로는 동일한 단어입니다. 그러나 '우리 집에 간다'거나 '친구 집에 간다'에서는 内와 家를 모두 쓸 수 있지만, 모르는 사람의 집에 가는 경우에는 内를 쓰지 못하고 家만 써야 하는 식이지요.

이런 식으로 단어들 자체의 의미 차이부터 원어민들이 그 단어들을 어떻게 쓰는지, 더 나아가서 그 단어들을 넣어서 문장을 구성할 때 발생할 수 있는 차이와 변화에 대해 배워갑니다.

이 모든 것의 기본이 호기심입니다. 내가 궁금한 것에 대한 답을 얻으며 언어를 배우는 것이 제일 빨라요. 그런데 어른은 이런 호기심이 생겨도 풀어내는 데 또 하나의 강력한 장애물을 만납니다. 바로 '자존심'이지요.

아이는 모르면 바로 물어보고 호기심을 풀어나가지만, 어른은 궁금한 게 생겨도 질문하지 않고 참습니다. '내가 이런 것도 모른다는 사실을 주위 사람들에게 알리고 싶지 않다'라는 생각을 하며 견딥니다. 마지막까지 질문하지 않고 참아내지요. 무슨 이순신 장군입니까? 대단한 일을 하시나요? 알량한 자존심은 던져버리고 머릿속에 떠오르는 질문이 있으면 바로 입으로 뱉으세요. 그래야 아이가 언어를 배우는 가장 효율적인 방법의 절반이라도 따라갈 수 있습니다.

잊으시면 안 됩니다. 외국어를 배울 때만큼은 아이가 여러분의 롤 모델이라는 사실을요. 어른이 궁금한 걸 참는 이유는 정말 다양합니다.

'다른 사람들은 다 알고 있을 텐데 나만 모르는 게 창피해.'
'지난주에 결석했는데 다른 사람이 질문한 내용일지도 몰라.'
'질문하려고 문장으로 구성했는데 문법적인 오류가 있는지 잘 체크하고 나서 물어봐야지.'
'나중에 내용을 잘 정리해서 질문해야지.'
'다른 것도 질문해야 하는데 모아서 한꺼번에 물어봐야지.'
'지금은 수업 중이라서 수업에 방해될 수 있으니까 쉬는 시간에 물어봐야지.'
'이 단어의 발음에 자신이 없는데 정확한 발음을 찾아보고 익힌 다음에 질문해야지.'
'할 일도 많은데 오늘은 됐고 다음에 물어보자.'

정말이지 갖가지 이유를 대면서 호기심을 꾹 참아냅니다. 제가 어떻게 이렇게 잘 아냐고요? 벌써 말씀드렸잖아요. 저도 624시간 동안 온갖 호기심을 억누르며 질문하지 않고 버텼다고요. 예로 든 이유들은 그 긴 시간 동안 제가 스스로에게 들이밀면서 최대한 애써서 질문하지 않았던 핑계의 일부분일 뿐입니다. 그럼 위의 핑계들을 하나하나 깨부숴볼까요?

'다른 사람들은 다 알고 있을 텐데 나만 모르는게 창피해.'
→ 다른 사람들도 모릅니다. 다른 사람들도 당신처럼 창피해서 묻지 못할 뿐이에요.

'지난주에 결석했는데 다른 사람이 질문한 내용일지도 몰라.'
→ 아무도 질문하지 않았을 겁니다. 그리고 누가 질문했으면 또 어때요? 그 사람은 자기가 질문한 것도 벌써 까먹었을걸요.

'질문하려고 문장으로 구성했는데 문법적인 오류가 있는지 잘 체크하고 나서 물어봐야지.'
→ 문법적인 오류를 그대로 드러내면서 질문하는 편이 더 좋습니다. 질문하는 김에 문장이 제대로 구성됐는지도 체크해달라고 하세요. 자신을 다 까발려야 완전하게 고칠 수 있습니다.

'나중에 내용을 잘 정리해서 질문해야지.'
→ 오늘 일을 내일로 미루면 항상 해내는 유형이신가요?

'다른 것도 질문해야 하는데 모아서 한꺼번에 물어봐야지.'
→ 마음먹으면 모든 정리를 완벽하게 해내시는 편인가요?

'지금은 수업 중이라서 수업에 방해될 수 있으니까 쉬는 시간에 물어봐야지.'
→ 쉬는 시간에는 선생님 역시 물도 드시고 화장실도 가시면서 좀 쉬셔야 하지 않을까요?

'이 단어의 발음에 자신이 없는데 정확한 발음을 찾아보고 익힌 다음에 질문해야지.'
→ 발음을 교정할 거라면 바로 선생님에게 교정받는 편이 더 정확하고 빠르지 않을까요?

'할 일도 많은데 오늘은 됐고 다음에 물어보자.'
→ 최악의 경우입니다. 이런저런 이유를 대다가 더 댈 이유도 없어서 그냥 안 하겠다고 포기하는 마음이지요. 빨리 벗어나야 합니다.

이처럼 호기심을 억누를 이유를 하나하나 깨부수면 결국은 호기심을 드러내서 질문해야 할 이유밖에 남지 않습니다. 드디어 아이의 효율적인 언어학습법 중에서 가장 중요한 일부를 내 것으로 받아들이기 시작하는 것이죠. 이때부터 여러분의 외국어 학습 여정에서 앞길이 트입니다.

이제부터는 그 길을 넓혀야 하니 일부러 궁금한 내용을 자꾸 만들고, 잘 모르거나 호기심이 생기면 바로바로 풀어내세요. 궁금증을 푼 아이가 만족스러운 미소를 짓듯, 여러분도 외국어를 배우며 처음으로 입가에 미소를 머금게 될 것입니다.

> 아이는 모르면 바로 물으며 호기심을 풀어나가지만,
> 어른은 궁금한 게 생겨도 질문하지 않고 참습니다.
> 잊으시면 안 됩니다. 외국어를 배울 때만큼은 아이가
> 여러분의 롤 모델이라는 사실을요.

수업 효과를 극대화하는
꼬리물기 질문법

앞에서 여러분도 아이처럼 호기심을 가지고 이를 질문으로 이어가야 한다고 말씀드렸습니다. 그런데 이렇게 질문하고서 그 질문에 관한 선생님의 답변을 받은 데 만족해 의자에 기대앉기 시작하면 '호기심 학습법'의 효과가 아주 크지는 않습니다. 이제 그 효과를 극대화하는 방법을 알려드리겠습니다.

저는 외국어 공부를 할 때면 '프레플리'라는 온라인 화상 수업을 주로 이용했다고 말씀드렸는데요. 일주일 동안 외국어를 생각할 때마다 머릿속에 떠오르는 궁금증을 잘 적어두고 이를 질문하며 배워갔습니다. 제가 진짜로 궁금해서 묻는 내용들이기 때문에 답변을 받으면 그 답변이 제 머릿속에 더욱 효과적으로 스며듭니다. 그냥 남이 만들어놓은 교재를 따라 읽으며 수업을 진행하는 것보다 훨씬 효율적이지요.

중국인 선생님과도 일주일에 한 번씩 공부했는데, 마침 수업을 하면서 나왔던 주제가 매우 흥미로웠습니다. 그래서 다음 수업 시간에 질문하려고 그 주제에 관해 가볍게 인터넷으로 조사해서 정리해두었죠. 그런데 이렇게 준비까지 다 해둔 질문에 관해서는 한 달이 넘어가도록 입도 뻥끗하지 못했습니다. 매주 일대일 화상수업을 1시간씩 꽉꽉 채워서 진행하는데도 말이죠. 제가 '꼬리물기 질문법' 신공을 계속 펼쳐서 준비한 질문 자체를 추가로 할 시간이 없었기 때문입니다. 질문이 너무 많아서 준비한 질문을 못 한 경우죠.

저는 외국어를 배울 때 주로 일대일 화상수업을 합니다. 스케줄 조정이 자유롭고, 선생님을 정할 때 그분의 성향을 미리 파악해서 선택할 수 있기 때문이죠. 학원이나 학교로 이동하느라 교통비며 시간을 허비할 필요도 없고, 무엇보다 수업료가 쌉니다. 앞서 소개한 것처럼 1시간에 10달러 남짓의 수업료면 아주 훌륭한 선생님에게서 일대일 외국어 수업을 받을 수 있거든요. 일주일에 한 번 수업하면 한 달 수업료가 6만 원 정도면 된다니까요! 최고의 원어민 선생님에게서 수업을 받는데도 말이죠.

외국어 선생님과 수업을 시작할 때 저는 초반 10분 정도를 서로 안부를 묻는 것으로 시작합니다. 그곳 날씨는 어떠냐, 지난주에 특별한 일은 없었냐, 누구를 만난다고 했는데 그 사람은 잘 만났냐, 모임이 재미있었냐, 어제 뉴스를 보니 그쪽 정부에서 이런저런 성명을 발표했다던데 어떻게 된 거냐, 그에 대한 당신의 생각은 어떠냐 등등 말이지요.

그런데 처음에 일대일 화상수업을 할 때는 이런 식으로까지 자세히 안부를 묻지는 않았습니다. 아주 간단하게 잘 지냈는지, 덥거나 춥지는 않은지 정도만 형식적으로 묻고 나서 바로 본격적인 수업으로 들어갈 것을 요청했지요. 제 질문에 따라 수업이 진행되기 때문에 안부 인사를 빠르게 마무리하고 준비한 질문으로 수업을 시작하는 건 제 재량이거든요. 1시간 어치 수업료를 이미 지불했고, 업무가 많아서 바쁘지만 하나라도 더 배우려고 일부러 시간을 내어 수업하는 것이니 최대한 빠르게 본격적인 수업으로 진입해야 한다는 압박감이 심했어요.

그런데 이렇게 반년 이상 외국어 수업을 진행하면서 크게 깨달은 점이 두 가지가 있습니다. 첫째, 딱딱하게 바로 본론으로 들어가면 선생님의 답변도 비교적 딱딱해지면서 수업의 분위기가 경직됩니다. 간단한 인사를 나눈 뒤에 '자, 이제 잡담은 그만두고 수업합시다'라는 분위기로 바로 넘어가면서 아주 짧은 시간 동안 서로 뻘쭘해지는 거죠. 이런 순간이 수업의 전체적인 느낌을 경직시켜서 그러고 나면 선생님도 저도 수업을 즐겁게 진행하기가 쉽지 않더군요.

둘째, 초반의 안부 인사가 길어지면 자연스레 서로의 생활과 근황에 관심을 표하게 되고, 이에 관한 대답을 주고받다 보면 실제로 선생님이 일상에서 쓰는 생활 표현들이 수없이 쏟아집니다. 제가 호기심으로 준비한 질문들보다도 선생님과 장시간 잡담하면서 배우게 되는 표현들이 훨씬 주옥같다는 사실을 어느 순간 깨달았죠.

그런데 이때 여러분이 반드시 취해야 할 행동이 있습니다. 그냥 대화만 계속하면 안 됩니다. 중간중간 선생님의 말을 끊는 한이 있어도 선생님의 입에서 툭 튀어나온 생활 표현을 꼭 붙잡고 늘어지세요. 선생님께 바로 질문해야 합니다. 방금 정확히 뭐라고 했는지, 그 문장 안에 쓰인 생소한 단어의 정확한 발음은 어떻게 되는지, 그와 비슷한 다른 표현은 또 뭐가 있는지 계속 질문하는 거예요.

명심할 점은 반드시 바로 질문해야 한다는 겁니다. 한 문장 이상 넘어가면 선생님도 자신이 방금 정확히 어떤 표현을 써서 얘기했는지 기억하지 못합니다. 질문을 바로 하면 선생님이 자세히 설명해줍니다. 그러면 '아, 그렇구나'라고 이해하며 넘어가지 말고, 선생님이 답변하는 과정에서 사용한 표현과 단어, 문법에도 최대한 집중하면서 추가 질문을 새롭게 만들어내세요. 질문의 꼬리를 계속 이어가는 것이죠. 그 과정을 정리하면 이렇습니다.

> 안부 인사 → 새로운 표현이나 단어에 관한 질문 → 선생님의 1차 답변 → 1차 답변에 사용된 재미있는 표현이나 단어에 관한 질문 → 선생님의 2차 답변 → 2차 답변에 사용된 신선한 표현이나 단어에 관한 질문 → 선생님의 3차 답변 → 3차 답변에서 이해되지 않거나 어려운 문장에 관한 질문 → 선생님의 4차 답변 → 4차 답변에 관한 질문 → 계속되는 질문과 답변과 질문

이게 바로 꼬리물기 질문법입니다. 저는 항상 꼬리물기 질문법을 사용하기 때문에 제가 수업용 질문으로 준비한 내용을 4주째 이야기도 꺼내지 못했지만, 중국어를 어마어마하게 배웠습니다. 중국어 선생님이 평소에 쓰는 생활 표현이 진하게 스며들어 있는 문장들, 교육 수준이 높은 중국인이 사용하는 대화의 기술, 민감해서 대놓고 질문하기는 어려운 한중 문제에 관한 꽤나 솔직한 의견 교환 등등이 선생님과의 잡담(?) 속에 모두 포함되어 있었죠.

그래도 매 수업을 시작하기 전에는 항상 제가 수업용으로 준비한 질문 내용을 다시 한번 살펴봅니다. 어떤 내용을 질문하려고 했는지 되새기는 것이죠. 질문을 잘해야 훨씬 많이 배

우기 때문에 질문할 내용을 확실히 복습해놓는 편이 좋습니다. 어차피 자기 머릿속에 떠올랐던 내용을 한 번 더 확인하는 차원이므로 몇 분 걸리지도 않아요. 일차원적인 질문을 하면 일차원적인 배움을 얻고, 고차원적인 질문을 하면 배움의 차원이 달라집니다. 자기 질문을 확인하는 과정에서 일차원적이었던 질문이 고차원적 질문으로 변형되고 발전하기도 하거든요.

제가 중국어 선생님에게 한 달 가까이 질문하지 못한 내용은 공자의 말씀입니다. "15세에 학문에 뜻을 세웠고, 30세에 일어섰으며, 40세에 흔들리지 않았고, 50세에 하늘의 뜻을 알았으며, 60세에 모든 것을 듣게 되었고, 70세에는 마음을 좇아도 지나침이 없게 되었다"라는 이야기 말입니다. 워낙 유명한 구절이라 여러분도 지나가면서 한 번씩 들어본 적이 있을 겁니다. 중고등학생 때 수업 시간에 배운 것 같은데《논어》위정편에 나옵니다.

중국어 선생님과 이런저런 이야기를 하다가 공자의 이 말씀이 나왔는데, 저는 이 유명한 말씀의 원문이 궁금해졌습니다. 많은 언어를 익혀서 구사하다 보면 필연적으로 이런 궁금증들이 생깁니다. 외국에서 유래됐지만 우리나라에서 유명해진 이야기가 원래 현지어로는 어떻게 표현되어 있을지 알고 싶어지거든요.

예를 들어 우리나라 사자성어는 대부분 중국 고사에서 비롯됐습니다. 그런데 동일한 고사에서 나왔는데도 정작 중국어로는 다른 표현의 사자성어가 사용되는 경우가 꽤 많습니다. 그 사실을 처음 알았을 때 저는 상당한 충격을 받았습니다. 제가 분명히 사자성어를 중국어 발음으로 얘기하는데도 중국 친구가 못 알아듣더라고요. 그 이후로 외국어 원문 표현이 조금씩 궁금해지기 시작했습니다. 마침 수업 도중에 이 이야기가 나와서 제가 먼저 인터넷으로 원문을 찾아봤지요.

吳十有伍而志于学, 三十而立, 四十而不惑, 伍十而知天命, 六十而耳顺, 七十而从心所欲, 不逾矩。

하지만 당시의 중국어 문법은 지금과 완전히 달라서 제가 제대로 이해하기에는 무리가 있었습니다. 그래서 수업 도중에 선생님께 이 원문을 채팅창으로 보냈지요. 그랬더니 선생님이 제가 이해하기 쉽게 오늘날의 문법으로 해석해주시더군요. 선생님이 보내준 해석본은 다음과 같습니다.

为了获取正见, 我十伍岁开始, 立志终生学习, 到三十岁才找到自己在这个世上适合自己立足的位置, 从而有了认知世界的角度。到了四十岁, 这个位置基本就不再变化了, 看世界的

角度固定了°到了伍十岁, 就大概知道自然规律是怎么回事了°到了六十岁, 听一听周围的声音, 就能判断世界发展的趋势和方向, 做到顺势而为了°到了七十岁, 心对世界的认知就基本与道相合, 可以随心所欲而为而又不违背自然规律了°

(바른 견해를 얻기 위해 나는 열다섯 살부터 평생 학습을 결심했다. 서른에 이르러서야 비로소 세상에서 내게 맞는 자리를 찾았고, 그 덕분에 세계를 바라볼 나만의 시각을 갖추게 되었다. 마흔이 되자 그 자리는 거의 변하지 않았고, 세상을 보는 관점도 고정되었다. 쉰이 되니 자연의 이치가 대략 어떻게 작동하는지 알게 되었고, 예순에는 주변의 소리만 들어도 세계가 나아갈 흐름과 방향을 짐작해 순리에 따를 수 있게 되었다. 일흔에 이르러서는 마음이 세계를 인식하는 방식이 도(道)와 거의 하나가 되어, 하고 싶은 대로 하면서도 자연의 법칙을 거스르지 않게 되었다.)

문장 자체는 훨씬 길어진 반면에 한결 이해하기가 쉬워졌지요. 저는 원문과 선생님의 해석 문장을 유심히 비교하면서 질문거리를 찾기 시작했습니다. 일단 '나'를 뜻하는 我가 원문에서는 吳로 쓰였는데 오늘날에는 이 단어를 안 쓰는 걸로 알고 있어요. 그렇다면 이게 과연 언제까지 쓰였는지가 궁금해집니다. 15세를 뜻하는 十伍岁가 원문에서는 十有伍인데 굳이 중간에 有를 넣은 이유도 궁금하고요.

그리고 선생님의 해석 문장에는 而이라는 접속사가 등장하는데, 이 접속사는 용법이 워낙 다양해서 상당히 복잡합니다. 마침 제가 익히고 있는 용법이기 때문에 이 질문과 답변에만 최소한 30분은 소요될 것으로 예상합니다. 접속사 而가 다른 용법으로 쓰이면 어조 및 어감 차이를 내는데, 이 차이를 완전히 깨달을 때까지 선생님께 끈질기게 질문할 예정이거든요. 그것도 하루로 끝내지 않고 몇 주간 계속해서 접속사 而의 용법들에 관해 자세히 질문할 겁니다.

이런 질문들을 모두 하고 전부 답변을 받으면서 선생님이 답변할 때마다 그 답변 시에 사용한 문장, 단어, 표현 등에 관해 다시 즉석에서 질의응답을 진행하면 이 자체만으로도 3주 분량의 수업 내용이 나올 겁니다. 그렇지만 꼬리에 꼬리를 물고 기다리는 이 질문들은 한 달째 꺼내지도 못했지요.

제가 준비해놓은 질문을 꺼내지도 못한다는 불평을 하려는 게 아닙니다. 여기서 중요한 점은 한참 전에 준비한 수업 내용을 열어볼 새도 없이 이미 계속해서 질문에 질문이 꼬리를 잇고 있다는 사실이죠. 바로 이것이 꼬리물기 질문법의 핵심입니다. 여러분도 이런 식으로 질문하면 짧은 시간에 엄청나게 많은 것을 배울 수 있습니다. 그렇게 배운 내용은 머릿속에 훨씬 잘 스며들고요.

질문을 하고 그 질문에 대답하는 선생님의 답변 속에서 또 새로운 질문거리를 찾아서 질문하는 행동을 반복해야 합니다.

여기에 익숙해지면 선생님이 답을 하는 과정에서 여러 질문거리가 쌓입니다. 선생님이 설명하는 동안 다시 질문할 내용을 따로 메모해놓을 수밖에 없지요. 그러고는 선생님이 설명을 끝마치시면 새로운 질문 폭격을 가하는 거죠.

외국어를 많이 배워서 잘하게 될수록 아는 것이 많아지니까 질문거리가 줄어들 것 같죠? 천만의 말씀입니다. 아이러니하게도 외국어를 잘할수록 질문거리가 많아져요.

영어는 제가 현재 가장 잘하는 외국어 중 하나입니다. 하루는 영어를 가르쳐주시는 미국인 선생님이 이렇게 말씀하시더군요. 제가 질문 폭격으로 자신의 지식 수준을 하루하루 시험하면서 마치 송곳으로 뇌수를 후벼 파는 것 같다고요. 실제로 처음에는 제가 질문하면 모든 답변이 0.5초도 걸리지 않고 선생님의 입에서 나왔습니다. 그 후에는 선생님이 대답하시기까지 시간이 10초, 20초도 넘게 걸리는 경우가 빈번했지요. 신음소리까지 내며 깊은 생각에 잠기시기도 했고, 인터넷 검색을 통해 정확한 답변을 찾으시기도 했어요. 이렇게 선생님의 답변 수준을 극한까지 끌어내면서 그걸 제 지식으로 쌓아 올리는 겁니다.

저는 하나의 외국어를 완벽하게 배울 생각이나 원어민 수준으로 구사할 생각은 전혀 없습니다. 그런 생각을 감히 해본 적도 없어요. 모국어인 한국어도 완벽하게 구사하지 못하는데 어림없는 소리입니다. 하지만 이런 생각은 항상 합니다. 꼬리물기 질문법을 통해 원어민과 저의 오차를 계속 줄여가면 제가 구사하는 하나하나의 언어가 결국은 원어민에 가깝거나 그와 아주 비슷한 상태가 될 수도 있을 거라고요. 여러분도 꼬리물기 질문법을 끊임없이 실행하면 똑같은 결과를 낼 수 있습니다.

그리고 이렇게 질문의 꼬리를 물면서 중간중간에 선생님을 칭찬하는 것도 잊지 마세요. 외국어를 아주 잘 배울 수 있는 또 하나의 비법입니다. "선생님 최고세요", "선생님 너무 잘 가르치세요", "이런 부분까지 세세히 설명해주시는 분은 선생님밖에 없었어요. 선생님 최고!" 같은 칭찬을 노골적으로 해드리세요. 그렇다고 해서 영혼 없는 칭찬을 하면 안 됩니다. 입에 발린 찬사를 보내면 선생님도 아시거든요. 그러면 오히려 선생님의 기분이 상하게 돼요. 정말 잘 가르치신다는 생각이 들어 칭찬해주고 싶을 때 가감 없이, 닭살 돋게 이런 말까지 해도 될까 민망할 정도로 노골적인 찬사를 날려버리는 겁니다. 이렇게 하면 앞으로 여러분만의 더욱 충실한 선생님이 되실 거예요.

진심을 담아서 하는 칭찬은 꼬리물기 질문법의 강력한 윤활제이기도 합니다. 질문 폭격을 퍼붓다 보면 선생님도 중간에 피곤함을 느낄 수 있거든요. 그럴 때 이런 칭찬을 해드리면 다시 주유를 하고 달리는 자동차처럼 유창한 답변 폭주를 돌려줍니다. 그러면 여러분은 또다시 사정없이 배울 수 있게 되는 거예요.

적어도 외국어 학습에서는 선생님과 학생이 서로를 가르치고 길들이는 과정을 반복해야 최고의 결과를 낼 수 있습니다. 또 이렇게 칭찬을 해야 여러분이 계속해서 질문의 꼬리를 물기도 좋습니다.

자, 그럼 왜 아이처럼 호기심을 가져야 하고, 이를 질문으로 풀어내야 하는지, 그 효과를 극대화하려면 질문이 꼬리에 꼬리를 물고 이어져야 한다는 새로운 사실을 충분히 전해드린 것 같으니 이만 다음 이야기로 넘어갈까요?

선생님의 입에서 툭 튀어나온 생활 표현을 꼭 붙잡고 늘어지세요. 이런 식으로 질문하면 짧은 시간에 엄청나게 많은 것을 배울 수 있습니다. 명심할 점은 반드시 바로 질문해야 한다는 겁니다.

나이 들어 외국어를 배우면 정말 좋은 점

어른들이 외국어 공부를 하다가 포기할 때 가장 많이 대는 이유는 바로 나이입니다. 나이가 들면서 머리가 굳고, 단어도 잘 안 외워진다는 것이지요. 틀린 말은 아닙니다. 사람은 나이가 들면서 신체적인 능력, 정신적인 능력이 젊었을 때에 비해 떨어지기 마련이거든요. 저는 의학적인 지식은 없습니다만, 이 문제에 관해 저명한 의사와 토론한 적은 있습니다. 그분과 이야기를 나누면서 정리했던 내용을 여기에 적어보겠습니다.

나이가 들면서 기억력을 비롯한 두뇌 활동력이 떨어지는 것은 맞는 이야기입니다. 신체 능력이 떨어지는 것처럼 정신 능력도 떨어집니다. 문제는 그렇다고 해서 그대로 두면 신체 능력이든 정신 능력이든 떨어지는 속도와 그 정도가 더욱 상당해진다는 겁니다. 나이가 들어 근력도 약해지고 유연성도 떨어지지만, 그걸 이유로 들어 전혀 운동을 안 하면 더욱 급격하게 나빠지는 거지요. 그래서 젊었을 때 운동을 하지 않았던 사람들도 나이가 들면서 운동하기 시작합니다. 그래야 신체의 노화를 늦출 수 있으니까요.

두뇌 활동력 또한 마찬가지입니다. 젊었을 때 공부를 안 하고 머리를 안 쓰는 건 괜찮습니다. 젊었을 때는 무엇을 하든 간에 이해도 빠르고 습득도 쉬우니까요. 나이가 들면 이 능력이 떨어지기 시작하죠. 설명을 들어도 금세 까먹고 다시 묻게 되고, 뭔가를 외워도 머릿속에 오랫동안 붙잡아두지 못합니다. 하지만 이렇게 두뇌 활동력이 떨어졌다고 해서 학습 자체를 완전히 포기하고 놓아버리면 우리 두뇌는 얼마 안 되어 속칭 '멍청한 상태'에 빠지게 됩니다. 두뇌의 능력이 떨어지는 데 가속도가 붙는 것이죠. 신체운동과 마찬가지로 우리는 나이가 들수록 오히려 더 많이 학습해야 합니다. 그래야 두뇌의 노화를 늦출 수 있습니다. 두뇌의 노화를 가속시켜봤자 얻는 게 뭐가 있겠어요?

그런데 이런 이유를 들면서 외국어를 열심히 배우기에는 동기가 충분치 않습니다. 나이에 따른 신체의 변화는 몸으로 생생하게 느낄 수 있는 데 반해, 두뇌의 노화는 그만큼 생생하게 느낄 수 없습니다. 거울이나 체중계 눈금과는 다르게 그 변화가 눈에 보이지 않기 때문이죠. 나이가 들었으니까 이제 외국어를 한 글자라도 더 들여다봐야겠다는 생각이 전혀 들지가 않는 겁니다. 그러니 우리는 더욱 긍정적으로 훨씬 크게 동기부여가 되는 상황을 만들어내야 합니다. 젊었을 때는 관심이 없어서 안 했지만, 나이가 들었기 때문에 오히려 외국어 학습에 더 큰 흥미를 느껴야 하는 환경을 우리 자신에게 만들어줘야 하는 것이죠.

어른은 스스로 주제를 정해서 내 마음이 원하는 방향으로, 내가 하고 싶은 대로 배울 수 있다는 장점에 집중해보세요. 학생 때는 학교에서 가르치는 대로, 학교에서 하라는 대로 배울 수밖에 없었습니다. 특히 중고등학생에게 학교는 어차피 벗어날 수 있는 영역이 아니지요. 그러니 학교의 외국어 수업에 대해 옳고 그름을 가릴 필요도 없고, 괜히 시시비비를 따져서 불만이라도 갖게 되면 학교생활 부적응자로 낙인이 찍힙니다.

하지만 어른의 경우는 다릅니다. 남에게 피해를 끼치지 않는 범위에서라면 자신이 하고 싶은 것을 모두 할 수 있지요. 자기 행동에 책임을 진다는 전제하에서 뭐든지 해도 됩니다. 그야말로 자유죠. 이런 '자유'를 외국어를 배우는 데 적용하는 겁니다.

여러분이 좋아하는 주제를 중심으로 외국어를 배우세요. 필수과목이나 선택과목이기 때문에 억지로 배워야 하는 학생 때와는 달리, 어른은 자기 관심사에 따라 자신이 좋아하는 대상을 선택해서 그 주제를 중심으로 외국어를 배워나갈 수 있습니다. 제가 이렇게 얘기하면 분명히 또 다음처럼 맞받아치는 분이 있을 겁니다. "난 뭐 딱히 관심 가는 것도 없는데."

그렇지 않습니다. 여러분의 관심사는 반드시 있어요. 다만 외국어 학습과 연결하는 방법을 모를 뿐입니다. 가장 쉬운 예로 오락을 들어볼까요? 저는 게임을 좋아합니다. 앞에서 얘기했듯이 고등학생 때는 무려 1년간 오락실에 처박혀서 오락만 했던 적도 있었고, 50살이 된 지금도 스마트폰으로 오락을 즐기지요. 슬럼프에 빠질 때면 모든 걸 차단하고 집 안에 틀어박혀 며칠 동안 스마트폰으로 게임만 할 때도 있어요. 하지만 그럴 때조차 저는 게임을 외국어 학습과 연관시킵니다.

제가 잘하는 스마트폰 게임은 '클래시 오브 클랜(Clash of Clans)'이라는 게임이었습니다. 한동안 5년 넘게 한 것 같군요. 그룹을 지어서 팀워크를 자랑하며 서로 대결하는 게임인데, 저는 저희 팀에서 톱클래스 관리자 중 하나였습니다. 팀을 선택할 때는 나라별, 지역별로 세분화되어 있어서 자신이 원하는 나라나 지역의 팀에 가입할 수 있어요. 저는 미국 캘리포니아 팀에 가입해서 게임을 즐기고 있지요.

그 이유는 딱 하나예요. 이렇게 팀원이 되면 그곳의 다른 팀원들과 채팅을 할 수가 있게 됩니다. 카카오톡 단체방에서 다수의 사람들과 함께 채팅을 하는 것과 거의 같지요. 저희 팀은 미국 캘리포니아 지역의 팀이어서 당연히 대부분의 팀원들은 미국인입니다. 저는 그들과 함께 채팅을 하죠.

제가 어렸을 때는 '펜팔'이 있었습니다. 멀리 외국에 살아서 한 번도 본 적이 없는 미지의 친구와 영어 편지로 교제를 하는 것이죠. 그때는 인터넷이 없었으니까요. 펜팔의 목적은 두 가지였습니다. 영어로 글을 쓰고, 외국인 친구를 사귀면서 영어 실력을 늘리는 거죠. 저도 해봤습니다. 그런데 가뜩이나 영어로 글을 쓰기가 싫은 데다가 종이 편지를 써서 국제우편으로 주고받는 게 생각보다 훨씬 어렵더군요. 어지간히 바지런하지 않아서는 계속하기 힘든 일이었습니다. 불행히도 저는 그다지 부지런하지 않아서 편지가 두어 번 오간 뒤에 바로 그만두었답니다.

하지만 게임 채팅창에서 채팅하는 건 펜팔의 두 가지 목적을 순식간에 충족해줍니다. 영어로 글을 쓰면서, 즉 채팅을 하면서 많은 미국 친구를 사귈 수 있고요. 더구나 그들과 의사소통을 하는 데 펜팔처럼 몇 주씩 답장을 기다리지 않아도 되지요. 몇 초 내에 답글이 올라오거든요. 게다가 제가 게임을 잘하기 때문에 영어가 좀 부족해도 미국인 팀원들이 항상 도움을

줍니다.

　게임 채팅의 최대 장점은 저보다 어린 미국인들이 실제로 자기들끼리 어떤 영어를 쓰는지 볼 수 있다는 겁니다. 팀원들 중에는 아들을 데려와서 가입시키는 경우도 있었어요. 그 아들은 초등학생이었습니다. 미국에서 교육받은 적도 없는 제가 언제 미국의 초등학생, 중학생, 고등학생, 대학생 및 성인들과 골고루 대화를 나눌 일이 있겠어요?

　그들과 채팅하면서 제가 제일 많이 쓰는 표현이 "그게 무슨 뜻이에요?"입니다. 제가 영어를 못해서가 아니에요. 그 나이대의 미국인들이 채팅하면서 쓰는 표현을 들어본 적이 없기 때문입니다. 우리도 채팅방에서 친구들과 얘기할 때 모든 문법을 정식으로 지켜가며 대화하지는 않잖아요? 한국어를 유창하게 잘하는 외국인이라고 하더라도 각종 축약어와 초성어 등을 수없이 쓰는 한국 친구들의 단체 채팅방에 처음으로 참여하면 동공 지진을 일으키게 되는 것과 마찬가지입니다.

　우리도 친구들과 채팅으로 대화할 때는 줄임말도 쓰고, 비속어도 쓰고, 가끔은 신조어를 만들어내서 장난을 치기도 하지요. 한국어가 우리 모국어니까 함께 자유자재로 갖고 노는 겁니다. 제가 스마트폰 게임 채팅창에서 보는 그들의 영어는 바로 우리가 단체 채팅방에서 친구들과 수다를 떠는 것과 똑같이 자기네 언어를 갖고 노는 상황이죠. 극도로 살아서 움직이는 영어입니다. 저도 영어를 하지만 그런 채팅창에서 오가는 대화를 이해하는 건 또 다른 문제입니다. 평소에는 쓰지 않는 표현과 철자가 무더기로 쏟아져 나오거든요.

　제 책을 읽는 분들은 대부분 한국에서 태어나 한국 학교와 학원에서 교육받은 영어를 조금씩 하고 있는 분들일 겁니다. 이런 경우에 근본적으로 가지는 어려움이 하나 있어요. 영어권 국가에서 초중고 기본교육과정을 한 번도 맛본 적이 없기 때문에 그들이 어렸을 때부터 어떤 식의 영어 표현을 쓰면서 친구들과 어울려왔는지 경험할 기회가 전혀 없었다는 겁니다. 우리는 모두 실생활에서는 잘 쓰이지 않는 교과서 영어에 익숙하죠. 제가 미국에 와서 초기에 많이 받았던 지적인데요. 학교에 다닐 때 배운 문법과 표현을 사용했더니 주위 사람들이 종종 그런 건 영국 왕실에서나 쓰는 표현이라고 웃더군요. 학교에서 배웠던 문법과 표현 중 많은 부분이 현재는 더 이상 쓰지 않는 오래된 문어체였던 겁니다.

　게임 채팅창에서 배운 표현이나 어린 세대가 의도적으로 변형해서 쓰는 문법을 배워도 제가 그런 표현이나 문법을 실제로 사용할 일은 거의 없겠지요. 하지만 누군가 그런 표현을 쓸 때 바로 알아들을 수 있다는 건 굉장한 장점입니다. 처음부터 말씀드렸듯이 언어학습의 핵심은 의사소통이거든요.

우리가 외국어를 배우는 최대 이유는 외국인과 의사소통을 원활히 하기 위해서입니다. 그러려면 상대방의 말을 잘 알아듣는 게 매우 중요하죠. 상대방의 말을 잘 알아들으려면 그 사람들이 평소에 쓰는 표현을 많이 익혀둬야 하고요. 특히 미국 아이들은 외국인에게 차근차근 짚어주면서 조목조목 설명하는 경우가 상당히 드뭅니다. 말하는 중간에 굳이 설명까지 해줘야 하는 일이 여러 번 반복되면 대부분 흥미를 잃고 더 이상 대화를 이어나가지 않지요. 그래서 더더욱 그들이 평소에 쓰는 표현을 많이 알아두면 좋습니다.

그러면 또 이렇게 말씀하는 분들이 있습니다.

"나는 나이 많은 외국인들과 얘기하는 게 좋아. 인내심을 갖고 설명해주니까 배울 것도 더 많거든."

틀린 말은 아닙니다. 예를 들어 외국인 할머니 할아버지는 엄청난 끈기를 갖고 제 말을 들으면서 하나하나 자세히 고쳐주십니다. 외국어를 배우기가 아주 좋지요. 하지만 학습의 방향이 어느 한쪽으로만 치우치면 안 됩니다. 제가 꽤 굳이 게임 채팅을 통해서까지 영어를 배우는지 설명한 이유가 여기에 있지요. 외국어를 배우기 좋다고 해서 계속해서 할아버지, 할머니한테만 배우면 어느새 제 외국어는 외국 노인들만 쓰는 언어가 되어버리거든요. 노인 영어만 배우면 안 되는 거예요.

'아재'라는 단어가 왜 생겼겠어요? 새로운 것을 잘 받아들이지 않고 자신에게 편하고 익숙한 것만 고집하기 때문에 생긴 말이죠. '영어 아재'가 되고 싶지 않다면 귀찮고 불편해도 어린 세대가 쓰는 영어까지 함께 배워야 합니다.

그렇다고 여러분에게 굳이 게임을 권하는 건 아닙니다. 외국인 친구의 가족들과 자주 식사하면서 그 집의 아이들에게 일부러 말을 건다든지, 외국인학교에 자원봉사를 나간다든지, 어린 외국인 선생님께 부탁해서 선생님이 친구들과 자주 쓰는 표현들을 배운다든지 하면 됩니다. 여러분이 관심을 갖고 찾아보기 시작하면 방법은 무궁무진합니다.

나이가 들어서 외국어를 배우면 이 모든 걸 자기 분석대로 판단해서 주제를 정하고 학습 방향을 자율적으로 잡아나갈 수 있어요. 특정 주제나 방법에 흥미를 잃고 재미가 없어지면 그냥 가차 없이 버리고 훨씬 흥미로운 다른 주제나 방법을 찾아서 배워나가면 됩니다.

저는 외국어 학습의 주제가 와인으로 항상 변함없지만 방법을 계속 바꿔가며 제 흥미를 자극합니다. 예를 들어 와인과 관련된 일본인의 유튜브 동영상을 보면서 질문거리를 적어두고 선생님께 질문하며 일본어를 배우다가, 이 방법이 익숙해지고 지루해져서 제 유튜브 동영상의 일본어 자막을 토대로 선생님과 함께 질의응답했습니다. 제 일본어 자막은 한국계 일본 교포에게 의뢰해서 만든 자막이고, 제 동영상에 나오는 대사는 제가 훤히 아는 내용이죠. 질적인 면은 물론 개인적인 관심, 흥미, 이해도 측면에서 제게는 완벽한 수업 재료입니다.

학생의 경우에는 이게 안 되죠. 아무리 재미없어도 책상에 붙어 앉아서 지루한 수업을 계속 들어야 하고, 왜 이런 숙제를 해야 하는지 이해되지 않아도 꼬박꼬박 해가야 하니까요. 물론 이렇게 하면서 얻는 것도 많습니다. 가장 크게 얻는 이점은 외국어 공부를 계속 이어가는 '지속성'입니다. 토끼와 거북이 설화가 왜 있겠어요? 비록 느리고 비효율적이지만 계속해서 앞으로 나아가는 행위의 중요성을 결코 무시해서는 안 됩니다.

그럼 어른이 흥미롭고 재미있는 주제로 효율적인 방법을 쓰면서 지속적으로 외국어를 배워나간다면 어떻게 될까요? 아이들 못지않게 외국어를 잘 학습할 수 있게 됩니다. 물론 노력하지 않고 그저 듣기만 해도 스펀지처럼 언어를 쭉쭉 흡수하는 유치원생이나 초등학교 저학년생처럼 외국어를 배우지는 못합니다. 하지만 고등학교 2~3학년이나 대학생보다는 오히려 외국어를 더 잘 배울 수도 있죠. 고등학생과 대학생은 시험 외국어 공부를 억지로 해야 하지만, 대략 서른 살이 넘으면 더 이상 그럴 이유가 없잖아요?

아주 흔한 이야기지만 유리컵에 물이 절반 있을 때 '절반이나 비었다'라고 볼 것인지, '절반이나 찼다'라고 볼 것인지는 어디까지나 여러분의 몫입니다. '아이들보다 학습력이 떨어져서 외국어 공부를 못 하겠다'라고 판단할 것인지, '아이들과는 다르게 내 마음대로 주제를 정해서 재미있게 배울 수 있겠다'라고 생각할 것인지는 온전히 여러분의 몫인 겁니다. 그 방향에 따라서 여러분의 외국어 학습 결과가 완전히 달라진다는 사실을 잘 기억해두세요.

> 어른은 스스로 주제를 정해서 내 마음이 원하는 방향으로, 내가 하고 싶은 대로 배울 수 있다는 장점에 집중해보세요. 재미 없어지면 과감히 그만두고, 더 흥미로운 방법을 찾아 다시 배워가면 됩니다.

Tip
활용도 높은 단어를 찾아내는 방법

앞서 "외국인과 대화가 통하려면 딱 120개의 단어만 외우면 된다"라고 말씀드렸는데요. 아기처럼 의사를 표현하는 것을 넘어 조금은 어른처럼 말하려면 몇 개의 단어를 알아야 할까요? 또 일상에서 가장 사용할 가능성이 높은 효율성 좋은 단어는 어떻게 찾을 수 있을까요?

외국어 학습을 하는 성인인 우리 곁에는 부모가 아이에게 알려주듯 꼭 필요한 말을 골라 하나하나 가르쳐주는 사람이 없습니다. 그 대신 우리에게는 쓸모 있는 단어를 찾아낼 능력이 있지요.

단어 학습과 관련된 책이 시중에 많지만, 저는 공부할 단어를 여러분께서 직접 찾아보시기를 권해드리고 싶습니다. 그래야 여러분의 생활과 필요에 딱 맞는 맞춤 단어를 실제 의사소통에서 활용할 수 있거든요. 베스트셀러 단어 책에 실린 별 다섯 개짜리 단어라 해도 여러분의 삶과 동떨어져 있다면 굳이 외울 필요가 없습니다. 스스로 고른 단어를 공부하는 편이 훨씬 효율적이고 실용적이죠. 저는 익혀야 할 단어를 고를 때 크게 세 가지 방법을 활용합니다.

첫 번째 방법은 하루 일과를 상상해보는 겁니다. 일어나면서부터 잠자리에 들 때까지 자신이 어떤 생각과 행동을 하는지 시뮬레이션하면서 명사, 형용사, 동사를 찾아내는 것이죠.

아침에 눈을 떴는데 해가 일찍 떠서 밖이 환합니다. 피곤이 다 풀리지 않았지만 출근해야 하니까 얼른 씻었습니다. 밥을 챙겨 먹고 옷을 차려입고 밖에 나가 보니 날씨가 좋습니다. 여기까지만 상상해도 여러 단어를 뽑아낼 수 있죠. '아침', '일어나다', '밝다', '피곤하다', '출근하다', '씻다', '밥', '먹다', '옷', '입다', '밖', '나가다', '날씨', '좋다'…. 모두 일상 회화에 기본이 되는 활용도 높은 어휘들입니다.

두 번째 방법은 특정 상황을 상상해보는 겁니다. 외국 여행 중에 갑자기 몸이 안 좋아져 병원에 가야 한다면, 우리는 어떤 말을 하게 될까요? 어디가 아픈지 옆 사람에게 알리고, 어느 병원을 찾아야 할지 묻겠죠. 뭘 타고 어떻게 가야 하는지, 진료비가 얼마 정도 되는지도 알아볼 테고요. 약을 받고 나서는 하루에 몇 번, 언제 복용해야 할지 묻고 싶어질 겁니다. 그렇다면 각 신체 부위를 가리키는 단어를 비롯해 '아프다', '어떤', '병원', '택시', '버스', '걷다', '시간', '비용', '약을 먹다' 등의 어휘를 알아둬야 합니다.

세 번째 방법은 외국어를 배우는 목적을 고려하는 겁니다. 저는 와인과 관련한 일을 하는 사람이다 보니 외우려는 단어를 고를 때 '맛을 보다', '향을 맡다', '목마르다' 같은 표현을 우선적으로 꼽습니다. 제게는 요긴한 단어들이지단 다른 분들에게는 중요도가 떨어질 수도 있죠. 유학을 준비하고 계시다면 전공 분야와 관련한 표현, 장기 여행을 계획하고 계신다면 예정 여행지나 교통편에 대한 단어를 실제로 써야 할 일이 생길 겁니다. 이 부분에 초점을 맞추면 반드시 입 밖으로 나오게 될 중요 어휘를 익힐 수 있습니다.

첫 번째 방법으로는 '일상 단어'를 공부하게 됩니다. 두 번째 방법으로는 외국에 나갔다는 특수한 상황에 유용한 단어를 배우게 되죠. 이를 '여행 단어'라고 정리해보겠습니다. 세 번째 방법으로 익히는 단어는 개인 상황에 따라 달라지는데 제 경우에는 '비즈니스 단어'입니다. 각 유형의 어휘를 5:3:2의 비율로 학습하시면 좋습니다. 1,000개의 단어를 비우면 웬만한 회화는 다 할 수 있으니 일상 단어 500개, 여행 단어 300개, 비즈니스 단어 200개를 먼저 익혀보세요. 일단 단어에 익숙해지면 간단한 의사 표현이 가능해지고, 문법 지식이 더해지면 문장 구성에 속도가 붙습니다.

단어를 뽑을 때는 엑셀 등의 프로그램을 켜고 유형별로 떠오르는 단어를 우리말로 쭉 적어보세요. 100~200개를 적고 나서는 우리말에 대응하는 각각의 외국어 단어를 사전에서 찾아보면 됩니다. 이미 익히 아는 단어를 리스트에 넣을 필요는 없어요. 용법 혹은 의미가 헷갈리거나 아예 모르는 단어를 찾아야 실질적인 학습이 가능해집니다. 책을 활용하실 때도 마찬가지입니다. 본인의 현재 어휘력보다 약간 높은 수준의 책을 고르세요.

단어 학습을 할 때 절대로 해서는 안 되는 일이 하나 있는데, 바로 AI를 쓰는 겁니다. 제가 "일상 단어 500개를 익혀보세요"라고 말씀드렸다 해서 AI에게 "영어 일상 단어 500개 리스트 뽑아줘"라고 명령하시면 안 된다는 의미입니다. AI는 여러분께서 정말로 쓸 법한 어휘, 여러분께 실제로 필요한 어휘가 무엇인지 모릅니다. 학습할 단어를 직접 찾다 보면 자신이 외국어로 말하는 상황을 상상하기 마련이라 뽑아놓은 단어를 외워야 할 필요성을 저절로 느끼게 되는데요. AI가 골라준 단어를 훑어보면서 그런 느낌을 받을 수는 없습니다.

앞서 말씀드렸듯이 외국어 학습의 핵심은 '이 언어를 익혀야만 한다'는 절실함이고, 절실함은 스스로 고민할 때 생겨나는 감정이거든요. AI 대신 사전을 열고, 낯선 단어들을 하나하나 여러분의 것으로 만들어보세요.

외국어 근육을 만드는 가장 빠르고 확실한 방법

위험한 덫을 놓고
달콤한 미끼를 설치하라

    외국어를 잘 배우기 위해 여러분이 갖춰야 할 게 하나 있습니다. 다른 건 몰라도 이것만은 반드시 갖춰야 합니다. 이게 없으면 절대로 외국어를 잘 배울 수 없어요. 없으면 억지로 만들어서라도 갖춰야 하니 꼭 명심해야 합니다.

    바로 앞에서도 계속 강조한 '해당 언어를 배워야 할 필요성'을 느끼는 거예요. 그리고 그 필요성을 가슴속에 계속 간직해야 합니다. 이건 이 책에서 가장 중요한 이야기예요. 솔직히 말해서 그 필요성을 뼈저리게 느낀 나머지 여러분의 마음속에 완벽하게 각인됐다면 제 책은 갖다 버려도 됩니다. 설사 비효율적인 방법을 채택한다고 해도 해당 외국어를 결국은 배우실 테니까요. 안타깝게도 우리 대부분은 그 필요성을 느끼는 강도가 부족하지요. 정말 절실하게 갈구해야 해요. 필요성을 절절히 느낄수록 외국어를 잘 배울 가능성은 더욱더 높아집니다.

돈이 마땅히 필요하지 않은 사람은 벌이에 관심이 없습니다. 야망이 없는 사람은 회사에서 진급에 관심이 없고요. 마찬가지로 외국어를 배울 필요성을 별로 느끼지 않는 사람은 평생 외국어를 배우지 못합니다. 그러면 어느 정도로 필요성을 절실히 느껴야 할까요? 혹시 2, 3일 이상 굶어본 적이 있나요? 그러고 나서 끼니때가 되어 옆집에서 흘러드는 맛난 음식 냄새를 맡아본 적은요? 이럴 때 우리는 먹을거리를 미친 듯이 갈구하게 되죠. 그만큼 절실하게 느껴야 합니다.

저는 인생에서 많은 실패를 했습니다. 외국어를 배우면서 겪은 세 번의 실패는 이미 말씀드렸지만 그것 외에도 실패가 참 많았죠. 대학생 때는 학점이 너무 안 좋아서 남들처럼 제때에 졸업하지도 못했습니다. 어찌어찌 졸업하긴 했는데 몇 년 후에 어머니가 갑작스레 물으시더군요. "졸업장은 받은 거 맞지?"라고요. 제 졸업식에도 분명히 오셨는데 어머니는 갑자기 제가 못 미더우셨나 봐요. 하긴, 제가 워낙 간신히 졸업했으니까요.

또 대학에 다닐 때부터 준비해서 공무원시험을 몇 번 쳤는데 그것도 실패했습니다. 남들은 1차는 붙었는데 2차에서 떨어졌다 어쨌다 하는데 저는 1차에도 한 번도 붙은 적이 없어요. 그래서 미국 유학을 준비했습니다. 그조차도 2년 만에 결국 실패했지요. 성적이 안 나와서 지원도 못 해봤습니다.

이 과정에서 제 친구가 자신이 다니는 회사에 입사하기를 권하더군요. 그 회사에는 특별한 인재 추천 시스템이 있었습니다. 만약 제가 입사 지원을 해서 합격하면 성공적인 인재 추천을 공과로 인정받아 친구에게도 약간의 혜택이 돌아가게 되어 있었거든요. 그렇게 회사에 입사했지만, 저는 회사 생활에 적응하지 못하고 6개월 만에 그만두는 실패를 겪었습니다.

그러는 동안 제게는 '뭔가 한 가지는 해내야 한다'는 절실함이 생겨났지요. 그 대상이 외국어 학습과 와인이 된 거고요. 솔직히 말씀드리자면 와인 공부가 먼저이고 외국어가 그다음이었습니다. 그때 와인은 우리 문화의 일부가 아니었기 때문에 와인에 관해 정말 기초부터 탄탄하게 제대로 공부하려면 외국어 학습이 필수였어요. 외국어를 제대로 배워서 와인 공부를 해내지 못하면 서른이 넘어서도 여전히 뭘 해야 하는지 모른 채 헤맬 것 같았습니다. 먹고살기 위한 수단으로 외국어 학습과 와인 공부의 필요성을 뼈저리게 느끼게 된 것이죠.

저만큼 강하게 필요성을 느끼거나, 오히려 제가 느낀 정도보다도 더 강하게 필요성을 느끼면 더욱 좋겠지요. 그러지 못

하더라도 어느 정도의 필요성을 계속 느끼는 상태에서 외국어 공부를 해야 좋은 결과가 나옵니다. 문제는 대부분 절박한 필요성을 느끼지 못한다는 거예요. 그러면 어떻게 해야 할까요?

외국어를 배울 필요성을 강하게 느끼도록 여러분이 스스로를 몰아가야 합니다. '이건 꼭 배워야겠다'라는 생각이 아주 강하게 들도록 스스로를 몰아넣어야 하죠. 그 방법을 지금 알려드리겠습니다.

저는 일본에서 2년가량 생활한 적이 있습니다. 처음에는 2년씩이나 머물 계획을 하고 일본으로 떠난 게 아니었죠. 당시에 저는 미국 회사에 취직하기로 합의한 후 미국 취업비자를 신청해놓고 나서 비자가 나오기만을 기다리고 있었습니다. 비자가 나오기까지 6개월 정도 걸릴 것으로 보였는데, 그 시간을 어떻게 유용하게 보낼 수 있을까 고민했어요. 그러다가 일본에 가서 반년 동안 생활해보기로 결정했습니다.

일본은 얼마 전까지만 해도 아시아에서 가장 큰 와인 시장이었습니다. 그래서 일본 와인 시장을 경험하면 한국 와인 시장의 미래가 좀 더 구체적으로 보일 것 같았어요. 그렇게 일본에 가서 예기치 않게 2년 가까이 머물게 된 거죠. 미국 비자를 받는 데 실패했거든요. 여기서 또 실패담이 나오네요. 8개 국어를 구사하는 훌륭한 와인 전문가의 성공 미담들을 기대하고 이 책을 사신 분에게는 죄송하네요.

하지만 수많은 실패가 있었기에 그 실패들을 딛고 조금씩 나아지기 시작했다고 생각합니다. 멈추고 쉰 적도 많았고, 그 휴식기가 몇 년씩 이어지긴 했어도 완전히 포기하고 물러선 적은 없었거든요. 힘들면 잠시 그만두고 쉬면 됩니다. 그리고 재충전하면서 어떻게 좀 더 잘할 수 있을지 고민해본 다음에 다시 일어나서 앞으로 조금씩 나아가면 되는 거죠. 아무튼 이렇게 제 일본 체류 생활은 뜻하지 않게 길어졌습니다. 당시에 이미 저는 7개 언어를 구사했습니다. 7개 국어 구사자가 일본에서 2년 동안 지낸 뒤에 일본어 수준이 얼마나 발전했을까요?

의외로 제 일본어 수준은 향상되지 않았습니다. 저는 첫 번째 외국어인 독일어를 스물아홉 살에 10개월간 공부해서 독일 대학입학자격까지 따냈고, 중국어도 서른다섯 살에 역시 10개월간 공부해서 HSK 5급까지 따냈습니다. 이런 공부 경험을 감안하면 일본에 2년 동안 살았는데 일본어 실력이 변변찮았다는 게 사실 말도 안 되는 이야기죠. 7개 국어 구사자가 일본에서 2년이나 생활했는데 일본어를 잘 못하다니요!

이렇게 된 데는 분명히 이유가 있습니다. 일본에 살 때 일본어를 배울 필요성을 느끼지 못했다는 것이 가장 큰 문제였지요. 솔직히 말해서 7개 언어를 배우고 난 뒤에 언어학습에 좀 지쳐서 의욕 자체가 없었고, 게다가 일본어가 와인 일을 하는 데 딱히 필요한 언어도 아니었거든요. 물론 일본 와인 시장이 한때 아시아에서 제일 컸다고는 하지만, 그마저도 미국이나 유럽 시장 등을 생각하면 그야말로 새 발의 피거든요.

물론 그렇다고 해서 제가 일본어를 아예 안 배운 건 아닙니다. 어느 정도는 배워서 도쿄의 롯폰기에 위치한 와인 학원에서 와인 강의를 하기도 했어요. 그러면 또 어떤 분은 이렇게 생각하시겠지요. '우와, 일본 도쿄에서도 가장 노른자위에 있는 와인 학원에서 강의까지 했다면 일본어 되게 잘했겠네. 일본어를 못한다는 건 거짓말이겠구나'라고요. 하지만 거짓말이 아닙니다. 제 수업은 영어와 프랑스어, 일본어가 섞인 아주 희한한 강의였거든요.

일본인들은 우리처럼 영어 콤플렉스가 있으면서도 막상 영어나 프랑스어에 대한 동경은 우리보다 더 강합니다. 그래서 제가 영어나 프랑스어 반, 일본어 반으로 언어를 섞어서 수업하면 수강생들이 아주 좋아했습니다. 제 수업은 항상 자리가 없을 정도로 인기였거든요. 아무튼 그랬기 때문에 제가 체류한 시간과 터득한 외국어 학습 노하우를 고려해볼 때 제 일본어 수준은 그야말로 형편없었습니다. 일본을 떠날 때까지 저는 일본어 학습의 필요성을 느끼지 못했던 거죠.

그랬던 제가 요즘 일본어를 배우고 있습니다. 다시 시작한 지 4~5개월 된 것 같네요. 재미있는 점은 일본에서 2년간 살

앉을 때보다 지금 더 열심히 배우고 있다는 겁니다. 일본어 학습의 필요성을 예전보다는 더 잘 느낄 수 있도록 저를 몰아가는 중입니다. 저는 세 가지 방법을 쓰고 있습니다.

첫 번째로는 제 친한 일본인 친구를 떠올립니다. 저는 나라별로 아주 친한 친구들이 한 명 이상 있는 편인데 일본도 예외가 아니죠. 예외가 아닌 정도가 아니라 사실 제게는 가족 같은 친구입니다. 역사적인 이슈 때문에 일본인에게 다예 호감이 없었던 저에게는 아주 큰 변화였지요. 나라끼리는 껄끄러워도 제게 아무런 조건 없이 마음을 열고 잘해주는 사람에게는 끝내 마음이 열리더군요. 저보다는 일곱 살이나 형이지만 결국 '절친'이 되었습니다.

그런데 이 형이 일본어밖에 못 합니다. 영어도 못 해요. 구사하는 영어 수준은 매우 기초적이어서 몇 마디 하다가 혼자 멋쩍어 크게 웃어버리곤 하지요. 처음에는 일본어를 할 줄 아는 아내가 우리 사이에서 항상 통역해줬습니다. 형을 처음 만났을 때 저는 정말 한마디도 못 알아들었거든요. 그런데 이제는 형이 제게 아주 소중한 친구가 되었습니다. 애정이 깊어지니까 그 사람과 속 깊은 이야기를 정확하게 나누고 싶다는 바람이 커지더군요. 앞으로 50년은 더 친구로 지낼 텐데 그 50년을 더 의미 있게 함께하고 싶은 거지요.

요즘에 일본어를 공부하기가 싫어지면 저는 스스로에게 이렇게 말합니다.

"네가 일본어를 더 잘 배우지 않으면 결국은 고토 상을 잃게 될 거야."

물론 제 일본어가 아주 유창해지지 못한다고 해서 제 절친인 고토 상이 저를 소홀히 대하지 않을 거라는 사실은 저도 잘 압니다. 하지만 이를 극적으로 해석해서 일본어를 좀 더 열심히 꾸준하게 배워야 한다고 제 자신을 몰아가는 거죠. 이게 1차 몰이입니다. 하지만 충분한 자극이라고 하기에는 아직까지 많이 부족합니다.

그래서 저는 두 번째 방법을 추가했습니다. 제 유튜브 채널인 〈와인킹〉에 일본어를 집중적으로 하는 영상을 올리기 시작한 겁니다. 그러면서 제가 일본어를 꽤 잘하는 사람이라는 뉘앙스를 영상마다 남겼습니다. 물론 저도 압니다. 제 일본어 실력이 아직 그다지 뛰어나지 못하고, 저보다 일본어를 잘하는 사람들이 우리나라에도 발에 밟힐 정도로 많다는 사실을요.

하지만 일부러 이런 방식으로 스스로에게 덫을 놓는 겁니다. 그런데 이 덫을 제 앞에 놓지 않고 제 뒤에 설치했지요. 무려 8개 언어를 구사한다고 스스로 떠벌리는 사람이 운영하는 채널에 올라오는 일본어 영상들인데 이를 보는 구독자들이 얼마나 많은 기대를 하겠습니까. 그 기대에 완벽히 부응하지는 못해도 최소한 말을 제대로 못해서 버벅대는 일은 없어야겠지요. 이렇게 저는 후퇴할 수 있는 퇴로까지 차단해버렸습니다. 이게 2차 몰이입니다. 2차 몰이는 제게 상당히 강한 자극이 되었어요. 일본어를 못 하면 결국은 너무나 창피한 일이 되니까요.

이 정도에서 그쳐도 되지만, 저는 안전장치를 하나 더 추가했습니다. 일본 와인 시장에 뛰어드는 꿈을 제 자신에게 심은 거지요. 제 나이가 올해 쉰입니다. 이 나이에 이 정도로 야심 넘치는 꿈을 꾼다고 얘기하면 친한 친구들은 다들 혀를 찹니다. 그러면서 얘기하죠.

"네 나이가 몇인데, 이제는 현실을 좀 받아들여."

제 생각은 다릅니다. 제 현실은 제가 만들어갑니다. 어제와 오늘이 다른 이유는 제가 오늘을 새롭게 만들고 있기 때문이지요. 무슨 일이든 안 될 거라고 생각하며 아예 시도조차 안 하면 당연히 그 일은 실현되지 않습니다. 당연하지요. 될 거라고 믿고 노력해도 이루기 힘든 게 계획이고 목표이며 이상이고 꿈인데, 그렇게 믿지도 않고 노력도 안 하고 시도조차 하지 않으면 당연히 잘될 리가 없습니다. 어차피 나이가 들면서 몸이 세월을 흡수하는 것까지는 어쩔 수 없지만, '내 나이에는 안 될 거야'라고 단념하기 시작하면 마음까지 늙어가지요. 이건 너무나도 슬픈 일이네요.

저는 한국 와인 시장에 긍정적인 영향을 주는 인플루언서가 되고 나면 일본 와인 시장에도 영향을 끼칠 수 있는 사람으로 거듭나고 싶습니다. 우리나라에 좋은 콘텐츠를 공급하는 일을 크게 이루고 난 뒤에 그걸 그대로 복사해서 일본 시장에 적용하면 딱히 안 될 이유가 없다고 생각해요. 물론 그 나라의 문화를 이해하지 못하면 어려움이 있겠지만 일본에서 2년 동안 생활하면서 워낙 많은 일본인을 접했기 때문에 문화적인 이해도도 높은 편이거든요. 이런 식으로 제 자신을 꾀고 있습니다. 2차 몰이에 이어서 제 머리에 헬멧까지 씌우고 그 헬멧에 당근을 달아서 스스로 앞으로 나아가도록 미끼를 쓴 거죠. 이게 저의 3차 몰이입니다.

다 까놓고 얘기하자면 일본 친구는 제 일본어가 나아지지 않아도 제 옆을 지킬 테고, 유튜브 채널에는 일본어 영상이 아니라 다른 영상을 올려도 되며, 일본 와인 시장에는 굳이 진출하지 않아도 먹고사는 데 별 지장이 없습니다. 하지만 제 일본어 수준을 좀 더 높이기 위해 일부러 이렇게 설정해놓는 겁니다. 솔직히 얘기해서 외국어를 하나 더 잘하게 되면 좋은 일이 더 많이 생길 거 아니에요? 잘할 줄 아는 외국어가 늘었는데 그것 때문에 사업이 실패하고 친구가 줄어들고 회사에서 진급을 못 하게 될 일은 없지 않겠어요?

여러분에게는 여러분 각자가 처해 있는 환경을 이용해서 스스로에게 덫을 놓을 수 있는 자신만의 독특한 방법이 있습니다. 제가 하는 것처럼 외국어 학습을 목표로 스스로에게 덫을 놓고 미끼를 설치하세요. 그게 다 덫이고 미끼인 걸 잘 알아도 위험한 덫을 놓을수록, 달콤한 미끼를 설치할수록 여러분의 외국어 학습 성공률은 더 높아집니다. 이건 정말 중요한 사항이니 반드시 기억하셔야 해요.

> 외국어를 배울 필요성을 강하게 느끼도록 자신을 몰아가야 합니다. 무슨 일이든 안 될 거라고 생각하며 아예 시도조차 안 하면 당연히 그 일은 실현되지 않습니다.

스치는 생각을
해당 언어로 잘게 쪼개라

방금 스스로를 몰아가야 할 필요성에 관해 말씀드렸습니다. 이번에는 스스로를 몰면서 남들보다 몇 배나 빠르게 앞으로 나아갈 수 있는 방법을 알려드리겠습니다. 달려가면 지치고 걸어가면 느리니까 여러분에게 탈것을 제공해드릴게요. 이 탈것은 쉬엄쉬엄 사용하면 자전거가 될 수도 있고, 적극적으로 사용하면 자동차가 될 수도 있으며, 죽어라 사용하면 비행기가 될 수도 있습니다. 방법을 알려드리는 건 저이지만, 이를 활용하는 건 여러분입니다.

모든 인간은 입으로 말을 내뱉기 전에 사고 과정을 먼저 거칩니다. 누군가를 싫어해서 "난 쟤 싫어"라고 말한다면 말이 입에서 나오기 전에 그 사람이 싫다는 생각을 먼저 하게 되지요. 눈앞에 맛있는 음식이 보여서 "먹고 싶다"는 이야기를 옆 사람에게 하기 전에는 그 음식이 맛있겠다는 생각을 먼저 한 상태고요. 창밖을 보면서 "오늘 날씨 좋네"라고 혼잣말하기 전에는 이미 창밖의 푸른 하늘을 보면서 하늘이 참 맑다는 생각을 한 상태인 겁니다.

여러분이 이제부터 해야 할 일은 이 사고의 순간에 쓰이는 언어를 억지로 외국어로 바꾸는 겁니다. '생각하는 데 무슨 언어가 필요해?'라고 의아해하는 분들이 계실 겁니다. 하지만 우리는 생각하는 과정에서도 항상 언어를 씁니다. 다만 언제나 자연스레 쓰고 있기 때문에 여러분이 인지하지 못하는 것뿐이죠.

이는 물의 존재감과도 비슷합니다. 우리나라는 물부족국가가 아니었습니다. 그래서 한국인은 물이 부족하면 어떻게 될지에 관해 딱히 생각하지 않았죠. 수도꼭지를 틀면 당연히 나오는 것이 물입니다. 돈을 조금 내면 편의점에서 제일 쉽게 사서 마실 수 있는 것이 물이지요. 물은 저희 주변에 항상 당연히 있는 존재입니다. 그래서 존재감이 없지요. 물론 수해를 입거나 상수도관 노후로 수리하거나 하면 일시적으로 깨끗한 물이 부족해지는 현상을 겪지만 대부분 며칠 이내에 해결됩니다.

저는 몇 년 전에 남아프리카공화국에 갔습니다. 와인 생산지로 유명한 나라여서 다녀오게 됐는데, 그곳에서 아주 심각한 물 부족 현상을 겪었습니다. 1년 내내 물 부족에 시달리며 걱정해야 하는 경험을 태어나서 처음으로 겪어본 거죠. 마침 그 전해에 가뭄이 심했는데, 남아프리카공화국이 그다지 부유한 나라가 아니기 때문에 필요한 만큼의 물을 공급할 능력이 안 되었습니다.

나라 전체에 물이 부족했기 때문에 부자들도 물을 아껴 써야 했지요. 씻는 횟수를 줄이고, 씻을 때 흐르는 물을 쓰면 안 되고, 반드시 약간의 물만 받아서 씻어야 하며, 씻는 데 사용한 물은 화장실 변기에 넣어서 재활용해야 했지요. 우리나라에서는 너무나 당연시하던 물의 존재감을 그때서야 처음으로 뼈저리게 느꼈습니다. 그곳에서는 몇 주나 몇 달이 지난다고 해결될 문제가 아니고 평생 안고 가야 할 문제였기 때문입니다.

하지만 그런 물 부족을 경험해보지 못한 우리에게 물은 당장 있어도 없어도 그만인 존재죠. 머릿속으로 사고를 할 때 언어를 쓴다는 사실은 심지어 이런 물보다도 더 존재감이 없습니다. 왜냐하면 물은 눈에 보이고 손으로 만질 수 있으며, 매번 마시면서 '시원하다' 또는 '따뜻하다'는 느낌을 받으니까요. 지금 당장 목이 마른데 물이 없으면 편의점에 사러 가기도 해야 하거든요. 하지만 머릿속의 언어 작용은 보이지도 만져지지도 않습니다. 거의 느껴지지도 않고요.

제 머릿속에 언어가 흐르고 있다는 사실을 느끼게 된 것은 첫 번째 외국어인 독일어를 좀 더 잘 배우려고 사투를 벌일 때였습니다. 이미 한 번 실패한 외국어를 다시 손에 잡은 상태였고, 공무원시험도 회사 생활도 실패로 끝났기 때문에 제게는 독일어 학습의 성공이 매우 간절했지요. 그래서 제가 할 수 있는 가장 효율적인 외국어 학습법을 절실히 찾고 있었습니다. 학교나 학원에서 배운 방법으로는 언어를 제대로 배울 수 없다는 사실을 이미 깨달았거든요.

저는 움직임이나 행동이 남들보다 유난히 굼뜬 편입니다. 그 덕분에 느꼈나봐요. 머릿속으로 생각할 때도 항상 언어가 사용된다는 사실을요. 그걸 느끼게 된 저는 머릿속에서 사용되는 언어를 한국어에서 외국어로 바꿔보기로 했습니다. 그 예시를 한번 나열해볼게요.

'샤워를 해야 하는데 샴푸가 어디 있지?'
'바닥에 놓여 있구나.'
'집어야겠네.'
'샴푸 통이 가볍네?'
'이것밖에 안 남았나?'
'잘 안 나오네.'
'오늘 하나 새로 사러 가야겠다.'

이런 생각이 머릿속을 스쳐 지나갈 때마다 그 생각 자체를 억지로 붙잡아 세워서 한국어 버전에서 외국어 버전으로 바꾸는 연습을 했습니다.

이게 쉽지는 않아요. 마치 슬로모션처럼 흐르도록 생각의 속도를 완전히 늦춰야 합니다. 때로는 생각을 완벽하게 정지시키고 어떻게 하면 잘 바꿀 수 있을지 고민해야 할 때도 있습니다. 움직이는 사고를 붙잡아 억지로 한국어에서 외국어로 바꿔야 하거든요. 이 과정에서 수많은 문제가 발생합니다. 제 유튜브 채널에 이 방법을 소개하는 영상을 처음으로 올렸는데, 이를 적용하는 과정에서 겪은 문제점들에 대해 질문하신 분들이 많았어요. 빈번하게 발생하는 문제들의 해결 방법을 지금부터 하나하나 알려드리겠습니다.

첫 번째, 머릿속에서 문장을 구성할 때 문법적 오류가 발생하는 경우입니다. 머릿속으로 외국어 문장을 구성해도 그 문장이 문법상 맞는지 틀린지 확신할 수 없거든요. 아주 짧은 문장을 하나 구성하면서도 틀리면 어떡하나 불안하지요. 여러분이 그런 불안감에 시달리는 건 아주 정상입니다. 우리는 학교에서, 그리고 입시 학원에서 전치사 하나 잘못 쓰면 인생이 끝장날 것처럼 교육받았으니까요. 외국어를 배울 때 입 밖으로 외국어 문장을 만들어내는 것보다 올바른 전치사를 집어넣는

게 훨씬 중요하다고 우리는 배웠거든요.

하지만 이런 생각을 버려야 합니다. 틀려도 상관없습니다. 아니, 사실 틀리는 게 정상이에요. 문장을 다 맞게 잘 구성해낼 것 같으면 이런 외국어 사고법을 적용할 필요도 없잖아요? 잘하는데 굳이 뭐 하러 힘들게 그러겠습니까? 일단은 해보는 것이 중요합니다. 머릿속에 떠오르는 생각 하나를 외국어 문장으로 바꿔보세요. 그리고 다음에 떠오르는 생각을 바로 붙잡아서 또 바꿉니다. 틀리건 말건 신경 쓰지 말고 무조건 바꾸세요. 문장 하나를 바꿀 때 중간에 막히는 게 한두 가지가 아닐 겁니다. 모르는 부분이 있으면 그냥 넘어가세요. 문장의 중간이 비는 것 같고, 원래 내 생각을 잘 반영하지 못하는 것 같아도 그냥 대충 만들고 넘어가세요. 정확도는 중요하지 않습니다. 하나 만들고 다음으로 넘어가고, 또 하나 만들고 다음으로 넘어가는 것 자체가 중요합니다. 이 과정에만 집중하세요.

두 번째, 문장을 구성하려고 해도 단어를 모르는 경우가 항상 발생합니다. 부수적인 단어라면 대충 생략하고 넘어갈 수 있지만 핵심 단어를 모르면 아무래도 방해되기 다련입니다. 예를 들어 '샤워를 해야 하는데 샴푸가 어디 있지?'에서 '샴푸'라는 단어를 외국어로 모른다고 칩시다. 그럼 문장 자체를 만드는 게 어렵지요. 이럴 때는 어떻게 해야 할까요?

그럴 때는 그 단어를 풀어서 문장을 만드세요. 예를 들어 '샤워를 해야 하는데 머리 씻을 때 쓰는 물체가 어디 있지?'나 '샤워를 해야 하는데 머리에 쓰는 용액이 어디 있지?'라는 식으로 말입니다. '물체'나 '용액'도 모르겠으면 '샤워를 해야 하는데 머리에 거품을 만들어주는 물이 어디 있지?' 하는 식으로 만드세요. 사실 샴푸가 물은 아니지만 샴푸도 용액이고 물도 용액이므로 최대한 비슷한 느낌의 단어를 생각해내서 쓰는 겁니다. 이가 없으면 잇몸으로 씹는 거지요.

이렇게 하나하나의 단어들을 에둘러 표현하다 보면 하나의 문장도 수십 가지, 수백 가지로 다르게 표현할 수 있습니다. 샴푸라는 단어 하나만 풀어서 표현해도 여러분 한 명 한 명이 만들어내는 문장이 모두 조금씩 다를 수 있지요. 사실 '샴푸'라는 단어를 정확히 알아서 문장을 한 번에 잘 만들어낼 때보다는 그 단어를 몰라서 풀어서 설명해야 할 때가 외국어 학습에는 훨씬 많은 도움이 됩니다. 단어를 풀어서 묘사하는 과정에서 더 많은 표현과 문법이 동원되거든요.

이때 반드시 명심해야 할 점은 흠결 없이 정확한 문장을 만들고자 하는 게 아니라는 겁니다. 우리는 대강의 문장을 만들어내는 연습을 하는 거예요. 틀려도 좋으니 머릿속 생각을 한국어에서 외국어로 그냥 바꾸는 연습을 계속하세요. 일정 기간 연습하다 보면 모르는 단어를 풀어서 표현하는 습관이 충분히 들게 됩니다.

세 번째, 이런 연습을 몇 시간이나 해야 하느냐는 질문을 많이 받습니다. 제 대답은 앞서 이야기한 것처럼 아주 간단합니다. 여러분이 할 수 있을 때까지 계속하세요. 나중에 뇌가 지쳐서 도저히 못 해먹겠다는 생각이 들면 한 문장만 더 만들어보고 그만두세요.

머릿속 생각을 외국어로 바꾸는 연습은 생각보다 훨씬 괴롭고도 힘든 일입니다. 돈 한 푼 들지 않고, 귀찮게 학원에 가지 않아도 되기 때문에 신나는 공짜 방법이지만, 아주 고통스러운 방법이지요. 생각해보세요. 우리의 두뇌는 1초 동안에도 수많은 생각이 지나갑니다. 그런데 그 생각들을 하나씩 붙잡아 속도를 늦추면서 억지로 언어 변환을 해야 하니 얼마나 괴롭겠어요? 이는 마치 뛰어가면 3초에 도달할 거리인데도 일부러 엎드려 기어가는 것과도 같습니다. 그마저 다리까지 묶어버려서 손으로만 몸을 밀어 앞으로 나아가야 하는 것만큼이나 답답하고 고통스럽습니다. 그래서 한두 문장을 만들어보다가 포기하는 분들이 대부분이지요.

너무 힘들고 괴로우면 처음에는 하루에 10분 정도만 해보세요. 샤워를 하면서 해도 좋고, 책상에 앉아서 해도 좋고, 소파에 누워 과자를 먹으면서 해도 좋습니다. 최소한의 시간을 정해놓고 그만큼은 포기하지 않고 해내는 것이 매우 중요합니다. 그러니 오늘부터 하루 10분만 도전해보세요.

이렇게 머릿속을 스치는 생각, 의식의 흐름을 한국어에서 외국어로 전환하는 방법이 굉장히 효율적인 이유가 또 하나 있습니다. 보통 우리는 외국어로 문장을 만들 때 주제를 임의로 선택합니다. 어렵고 복잡한 주제나 내용은 의식적으로 피하지요. 쉽게 말해서 누구나 알 만한 문장을 외국어로 만들어 놓고 뿌듯해합니다. 이렇게 해서는 외국어 실력 향상에 도움이 되지 않습니다.

어려운 문장, 새로운 내용을 자꾸 구사해보려고 노력해야 해요. 그런데 매번 새로운 내용을 찾기가 쉽지 않거든요. 보통은 '내가 번역할 만한 적당한 수준의 문장'을 찾게 되니까요. 하지만 자기 생각을 차례로 외국어 문장으로 만들다 보면 선택의 여지없이 계속해서 새로운 내용의 문장을 만들어내야 합니다. 평소에는 '샴푸 통이 가볍네?', '이것밖에 안 남았나?', '잘 안 나오네'라는 표현을 외국어로 할 생각도 안 하겠지만, 제가 알려드린 외국어 사고법을 적용하면 반드시 이런 과정을 거치게 되어 있거든요.

연속적으로 이어지는 동작이나 현상을 외국어로 표현하고 묘사하는 방법은 매우 효과적입니다. 또한 굉장히 디테일하게 들여다볼 필요가 있어요. 중간중간에 포착하지 못한 작은 생각들까지 놓치지 말고 잡아서 표현해야 합니다.

예를 들어볼게요. '샤워를 해야 하는데 샴푸가 어디 있지?'와 '바닥에 놓여 있구나' 사이에 사실은 추가적인 의식의 흐름이 잔뜩 숨어 있습니다.

'샤워를 해야 하는데 샴푸가 어디 있지?'
'원래 여기다 두는데……'
'선반 위를 보자.'
'없네, 어디 갔지?'
'바닥에 두었던가?'
'바닥에 놓여 있구나.'

이런 식으로 두 생각 사이에 흐르는 사고의 속도를 좀 더 늦춰보면 더욱 세세한 생각들까지 잡아내어 외국어로 바꿀 수 있지요. 샴푸가 안 보여서 바닥에서 샴푸를 발견하기까지도 자잘한 생각들이 무수히 지나가는 겁니다.

독일어를 배울 때 저는 이 정도까지 머릿속 생각을 자세히 세분화해서 외국어로 전환했습니다. 그 덕분에 10개월 만에 치른 독일대학입학시험에서 합격권의 성적을 받아냈지요. 대신 하루하루가 굉장히 피곤했습니다. 저는 샤워를 할 때 머릿속 생각이 가장 활발해지는데 일부러 그 생각들을 모조리 독일어로 꼬박꼬박 전환했거든요. 그래서 샤워를 마치고 나면 상쾌해지기보다는 오히려 녹초가 되었습니다. 그런 매일이 반복됐지요.

    이건 가장 컨디션이 좋아서 빠르고 즐겁게 달릴 수 있는 시간에 육상선수의 발에 무거운 추를 달아놓는 것과도 같습니다. 그러면 억지로 발을 끌며 움직여보기는 하겠지만 매일매일 몇 발자국 못 걷는 결과를 내게 됩니다. 하지만 이렇게 몇 개월 연습하면 결국 원래처럼 달리지는 못하더라도 남들 걷는 속도는 낼 수 있게 됩니다. 이 정도만 되어도 엄청난 결과를 가져옵니다. 여러분은 그 외국어를 굉장히 잘하게 되는 거예요. 아까 말했다시피 맞고 틀리고는 중요하지 않습니다. 틀린 부분은 차례차례 고쳐나가면 되거든요.

    그런데 여기서 또 다른 문제를 제기하는 분들이 있습니다. 본인은 정말 기본적인 문법조차 몰라서 아주 기본적인 문장도 구성하지 못하는데 어떻게 해야 하느냐고요. 이런 분들은 기초적인 문법 공부만큼은 따로 먼저 해야 합니다. 제가 여기서 알려드리는 외국어 사고법은 사람의 성장단계로 치면 느리게 걷기 시작하는 법에 해당해요. 일어서지도 못하면서 '난 일어설 줄도 모르는데 어떻게 걷느냐'고 묻는 것과 똑같지요.

기초 문법을 모르는 분은 서점에서 제일 얇은 문법책을 사서 보거나, 아니면 인터넷에서 기초 문법 파일을 다운받아서 문법의 기초부터 먼저 공부하세요. 한국어로는 '나는 밥을 먹는다'가 '주어 + 목적어 + 동사'의 순서인데, 영어토는 'I have dinner(나는 먹는다 밥을)'처럼 '주어 + 동사 + 목적어'로 달라지는 기초 문법을 익히는 데는 오래 걸리지 않습니다. 이것도 귀찮은 분은 느리게 걷기 위해 일어설 의지조차 없는 것이죠. 일어날 생각이 없는데 제가 걷는 법을 가르쳐드릴 수는 없습니다. 나무에 달린 맛있는 사과를 먹고는 싶은데 팔을 뻗어서 사과를 딸 노력조차 하지 않는 분이라면 당연히 사과를 먹을 자격도 없겠고요.

기초 문법의 토대가 전혀 없는 분이라면 다음 문법 사항이 어떻게 운용되는지에 관해서만 간단히 익혀놓아도 외국어 사고법을 활용할 수 있습니다.

주어

동사

목적어

주문장과 부문장의 연결

보어

여기서 이 다섯 가지 문법사항의 운용법과 관련해서 저는 아주 정확한 운용법을 요구하는 게 아닙니다. 이 다섯 가지의 아주 기본적인 문법 운용 관계만 익혀도 됩니다. 영어를 예로 들어 설명해볼게요.

I took the box in which he kept cookies safe.
그 친구가 과자를 잘 보관하는 상자를 내가 가져왔어.

문법적으로 보면 '주어 + 동사 + 목적어 + 주문장과 부문장의 연결 + 보어'가 모두 포함된 문장입니다. 그래서 짧은 문장이면서도 문법적으로 꽤 복잡하지요. 이 문장처럼 정확히 구사할 필요가 없고, 아래처럼 아주 기본적으로 구사할 정도로만 배워두면 된다는 이야기입니다.

I take box that he keep cooky good.
나는 그가 과자 잘 보관 상자 가져와.

문법적으로 보면 이전의 정확한 문장과 동일하게 '주어 + 동사 + 목적어 + 주문장과 부문장의 연결 + 보어'로 구성되어 있습니다. 하지만 동사의 시제가 모두 틀렸고, 정관사를 빼먹었으며, 주문장과 부문장의 연결사가 잘못 쓰였고, 과자의 철자도 틀렸으며, 보어의 형태도 잘못됐습니다. 거의 모든 단어의 쓰임에 전부 문제가 있지요.

그래도 괜찮습니다. 이해력 좋은 미국인은 이 문장을 들으면 잠깐 고개를 갸우뚱하다가도 기본적인 문법 형태는 갖추었기 때문에 결국은 이해하는 문장이거든요. 이처럼 단어의 활용이 모두 잘못돼도 괜찮습니다. 가장 기본적인 뼈대를 이어 붙이는 정도로만 문법을 익힌 뒤에 바로 외국어 사고법을 시작해보세요. 외국어 사고법은 하루에 최소한 10분 이상, 한 달 동안은 꼭 해보셔야 합니다.

> 틀려도 좋으니 머릿속 생각을 한국어에서 외국어로 바꾸는 연습을 계속하세요. 일정 기간 연습하다 보면 모르는 단어를 풀어서 표현하는 습관이 충분히 들게 됩니다.

모든 수단을 동원해
기록하라

저는 기억력이 나쁩니다. 8개 국어를 하는데 기억력이 나쁘다니 이건 또 무슨 소리인가 싶으시지요? 하지만 사실입니다. 일례로 집 현관의 도어락 비밀번호를 까먹어서 집에 들어가지 못하는 일이 많습니다. 길에서 친구를 만났는데 이름이 기억나지 않아서 반갑게 인사하고 껴안는 경우도 많습니다. 심하게 반가워하면서 정신없이 껴안아야 제가 자기 이름을 모른다는 사실을 상대방이 눈치채지 못하거든요. 상대방을 속이려는 의도로 그러는 건 아닙니다. 제가 이름을 잘 외우지 못해서 상대방에게 주는 불쾌감을 최소화하려는 것뿐이지요.

생각해보세요. 학교를 내내 같이 다니고 몇 번이나 같은 반을 했는데 반장까지 했던 친구가 자기 이름을 전혀 기억하지 못한다고 말이죠. 저는 어렸을 때 반장을 많이 했는데 그때마다 반 친구들의 이름을 외우지 못해서 선생님한테 많이 혼났습니다. 한 학년이 끝날 즈음에야 겨우 다 외웠는데 그리고 나면 또 새로운 학년이 시작되어 새로운 친구들의 이름을 외워야 했지요. 정말이지 힘들더군요.

이 문제는 일을 할 때도 항상 제 발목을 잡았습니다. 서른일곱 살에 처음 미국에 실습생으로 와서 5개월간 일했습니다. 와인이 가득 담긴 가방을 메고 와인숍과 레스토랑을 방문하며 와인을 파는 일을 했지요. 일반 외판원과 똑같은데 제가 파는 물건이 와인이었을 뿐입니다. 그런데 문제는 매일매일 수많은 고객을 방문하면서 그들의 이름을 반갑게 불러야 한다는 것이었어요.

미국은 우리나라와 달리 말을 하면서 상대방의 이름을 꼭 넣습니다. 예를 들어 우리나라에서는 "밥 먹었어요?", "커피 한잔하러 갈까요?", "가족들은 별일 없지요?"라고 묻는데 미국에서는 "제이, 밥 먹었어요?", "커피 한잔하러 갈까요, 제이?", "가족들은 별일 없지요, 제이?"라고 문장마다 상대방의 이름을 최대한 자주 넣어서 얘기하거든요. 이렇게 내가 상대방에게 신경 쓰고 있다는 표시를 하면서 상대방과의 친밀감을 도모합니다. 이렇게 해야 더욱 친해질 수 있지요.

저는 이게 잘 안됐습니다. 우리 회사의 와인을 사줄 잠재고객들의 이름을 외우지 못했기 때문에 그들의 이름과 가게 이름을 모두 엑셀 파일로 정리해서 갖고 다녔습니다. 어떤 가게에 영업하러 들어가기 전에는 그 가게 앞에 잠시 멈춰 서서 노트북을 열고 제가 대화를 나눌 사람의 이름을 엑셀 파일에서 확인했지요. 이름을 기억하지 못하는 영업 사원이 방문판매를 하려면 필수로 해야 하는 최소한의 노력이었던 거죠.

여러분이 외국어 공부를 할 때도 마찬가지입니다. 단어든, 문법이든, 관용 표현이든 처음 보는 내용은 한 번 보고 나면 기억이 안 날 겁니다. 재미있는 점은 대부분의 경우에 다섯 번을 봐도, 열 번을 봐도 여전히 잘 기억이 안 난다는 거예요. 수십 번을 봐야지만 비로소 어렴풋하게 기억나게 되지요. 새롭게 배워서 기억이 잘 안 나는 내용, 머릿속에 순간순간 떠오르는 외국어에 관한 고민을 모두 적어놓으세요.

나이가 들면서 기억력이 떨어지는 것은 어쩔 수 없습니다. 하지만 너무 낙심하지 마세요. 좀 더 젊었을 때도 기억을 잘 못했던 저 같은 사람도 있는걸요. 제 경우에는 나이가 들수록 새로 만난 사람의 이름을 외우기가 거의 불가능해지더군요. 그래서 자꾸 적는 습관을 들였고, 이 습관이 외국어 학습에도 엄청난 도움이 되었습니다.

저는 평소 외국어에 관한 고민을 많이 합니다. 앞서 소개한 것처럼 외국어 선생님에게 질문할 내용도 머릿속에 수시로 떠올리지요. 아주 좋은 질문들이 자주 떠오릅니다. 문제는 이런 고민이 주로 뭔가 딴짓을 할 때 많이 떠오른다는 겁니다. 샤워를 하거나, 운전을 하거나, 산책을 하거나…… 그런데 이런 때에는 사실 뭔가를 적어두기가 어렵습니다. 샤워할 때는 펜과 종이를 옆에 두기가 어렵고, 운전할 때는 한눈을 팔면 안 되고, 굳이 산책할 때까지 뭔가를 준비해서 나가기가 귀찮기도 합니다.

하지만 어떤 경우든 대비해서 모든 준비를 해두야 합니다. 산책할 때가 제일 쉽지요. 호주머니에서 스마트폰을 꺼내서 머릿속에 떠오른 질문이나 생각을 적어두기만 하면 되거든요. 지금은 스마트폰으로 녹음하지만, 한동안은 운전할 때 제 엄지손가락만 한 녹음기를 옆에 뒀습니다. 그것도 원터치 버튼으로 되어 있어서 기능이 제일 간단하고 가장 저렴한 녹음기로요. 머릿속에 뭔가가 떠오르면 손만 뻗어서 바로 집어 버튼을 누르고 녹음했지요.

제일 큰 문제는 샤워할 때입니다. 샤워할 때는 할 일이 단순하게 몸을 씻는 일밖에 없기 때문에 머릿속에서 이런저런 생각이 가장 활발하게 떠오릅니다. 몸을 씻는 일이 엄청난 에너지를 요구하는 것도 아니고, 최고로 단순한 반복 행동이기 때문에 머릿속에 온갖 생각이 지나가요. 그러나 온몸이 물기로 가득하거나 거품을 묻히고 있으면 스마트폰도, 녹음기도 전부 쓸모없습니다.

그래서 저는 샤워 부스 위쪽에 화이트보드를 부착해놓고 뭔가 떠오를 때마다 적기 시작했습니다. 그런데 이 방법에는 심각한 문제가 있더군요. 샤워를 막 시작했을 때는 욕실 내부의 습도가 낮아서 매직으로 글씨를 쓰기가 나쁘지 않은데, 시간이 지날수록 화이트보드에 작은 물방울이 맺히면서 써지지가 않는 겁니다. 어떻게 해결할 방법이 없을까 몇 개월을 고민했어요. 그러다가 어느 날 두껍고 큰 스티커처럼 생긴, 평평한 곳에 부착해서 쓸 수 있는 검은 칠판과 가루가 날리지 않는 분필을 발견했죠. 그걸 사 와서 화이트보드 위에 줄지어 붙였어요. 가루가 적은 분필은 물이 덜 튀는 위치에 두었고요. 이 칠판을 꽤나 오랫동안 잘 사용했습니다. 이제는 언제 어디에서 어떤 생각이 떠올라도 바로 적을 수 있는 상태가 된 것이었죠.

그렇게 적어둔 내용들을 저만 알아볼 수 있도록 스마트폰의 노트 기능에 간략히 정리하고, 이를 보면서 원어민 선생님들에게 틈이 날 때마다 질문합니다. 최고로 우수한 선생님이 아무리 훌륭한 교재를 준비해서 가르쳐줘도 내 머릿속에 떠오른 질문을 적어두고 이를 확인하며 배우는 방법이 훨씬 배움이 크기 때문이지요. 이미 내가 한번 고민했던 내용에 답을 얻는 것과 아무 생각 없이 남이 옆에서 주입해주는 건 엄청난 효과 차이가 나거든요.

    이처럼 외국어를 잘 배울 수 있는 방법 중 하나는 이미 여러분 안에 있습니다. 이를 최대한 살려내기 위해서는 지금부터라도 기록하는 습관을 들이세요. 모든 수단을 동원해서 말이죠.

새롭게 배운 내용이나 아직 기억이 잘 나지 않는 것, 머릿속에 순간순간 스치는 외국어 관련 고민들을 모두 기록해두세요. 이렇게 자주 적는 습관이 외국어 학습에도 큰 도움이 됩니다.

녹음기를 켜고
앵무새처럼 따라 하라

"혀가 굳었다. 혀가 안 돌아간다."

30대 이상에게서 참 많이 듣는 이야기입니다. 이 말은 30대보다는 40대가 더 많이 하고, 40대보다는 50대가 훨씬 많이 하죠. 60대부터는 거의 예외 없이 하시는 말씀이기도 합니다. 이 문제의 해결책이 있습니다. 그것도 아주 간단하고 돈 한 푼 들지 않아요. 오랫동안 운동을 안 했거나 몸을 별로 쓰지 않아서 스트레칭으로 몸을 풀어본 경험 있으시죠? 우리가 말을 할 때 쓰는 혀도 마찬가지입니다. 맨날 하는 게 말인데 무슨 스트레칭을 따로 하느냐고요? 모르는 말씀입니다.

우리가 모국어를 할 때 쓰는 혀의 움직임과 외국어를 비교

적 정확히 구사하고자 할 때 필요한 혀의 움직임은 다릅니다. 평소 우리에게 익숙한 혀의 움직임과는 다른 방향, 다른 형태로 혀를 움직여야 하지요.

이건 마치 일반적인 생활에 무리가 없을 정도로 가볍게 몸을 풀어왔던 사람에게 갑자기 무릎을 완전히 펴고 허리만 굽혀서 손바닥으로 발가락을 감싸보라고 하는 것과 마찬가지입니다. 첫 시도에서는 온갖 신음이 다 나겠지만, 꾸준히 적극적으로 몸을 풀면 어느 순간 발가락을 손으로 감쌀 수 있는 날이 오게 됩니다.

나이가 많을수록 더 천천히, 그리고 더 오랜 시간 공들여서 스트레칭을 해야 하지요. 젊었을 때보다 힘들고 시간이 더 많이 드는 것은 사실이지만, 올바른 방법으로 꾸준히 노력했는데 안 되는 경우란 없습니다. 방법이 있는데도 혀가 굳었다고 푸념만 늘어놓으면서 계속 손을 놓고 있기가 너무 아깝지 않으세요?

굳은 혀를 풀 수 있는 방법은 녹음기를 이용하는 겁니다. 녹음기를 따로 살 필요도 없어요. 스마트폰에 녹음 기능은 다 있으니까 그걸 사용하면 됩니다. 녹음 버튼을 누른 후 여러분이 배우고 싶은 언어가 나오는 좋아하는 영화나 유튜브 동영상, 노래 등을 틀고서 들리는 그대로 따라 해보세요. 그리고 나서 자신이 녹음한 내용을 한번 들어보세요.

"으악!!!!"

여러분의 입에서 이런 비명이 터져 나올 거예요. 저는 알고 있습니다. '저 목소리는 내 목소리가 아니야', '컨디션이 안 좋아서 그래', '스마트폰을 바꿀 때가 된 거야, 녹음 품질이 안 좋아' 등 갖가지 핑계와 변명이 떠오를 겁니다. 그런데 그렇지 않아요. 마음먹고 실제로 녹음까지 시작한 여러분의 지금 컨디션은 최상이고, 이상하게 들리는 목소리도 정상이며, 스마트폰은 제 기능을 다하고 있습니다.

앞에서 제가 원인을 다른 데서 찾지 말고 자신에게서 찾아보라고 말씀드렸지요? 단순히 여러분이 자기 목소리를 녹음해서 제대로 들어본 적이 없었을 뿐입니다. 자신의 외국어 발음을 녹음해서 들어본 적은 더더욱 없죠. 걱정하지 마세요. 처음에만 이상하고 자꾸 녹음해서 듣고 또 듣다 보면 외국어를 하는 본인의 목소리에 서서히 적응하게 됩니다. 오랫동안 안 하던 스트레칭을 제대로 정식으로 하면 처음에는 온몸이 쑤셔서 비명이 나오다가도 하루이틀 지나면서 '처음에 왜 아팠지?' 하는 생각이 드는 것과 똑같습니다. 비명이 서서히 잦아들기 시작하면 이제 본격 혀 풀기 스트레칭에 들어가는 겁니다.

영화나 유튜브, 음악 등에서 나오는 원어민의 발음을 그대로 따라 하는 자신의 발음을 녹음해서 들은 다음에 다시 원어민의 발음을 들어보세요. 그리고 다시 자기 발음을 듣습니다. 그러고 나서 또 원어민의 발음을 들으세요. 두 발음의 차이점을 명확하게 느끼고 인식할 수 있을 때까지 계속 반복합니다. 그리고 어떤 부분에서 차이가 나는지를 알게 되면 이 차이를 최대한 좁힐 수 있도록 발음하면서 자신의 목소리를 새롭게 녹음합니다. 그리고 다시 원어민의 발음과 비교하면서 들어보는 거죠.

외국어를 제대로 발음할 수 있으려면 우선 정확히 듣고 차이점을 파악할 수 있는 능력을 키워야 합니다. 처음 들으면 원어민의 발음이나 내 발음이나 비슷하게 느껴질 수도 있어요. 차이점이 어렴풋이 느껴지더라도 딱히 뭐가 다른지 모르는 경우가 많고요. 듣는 연습을 처음 하는 거라서 그렇습니다.

그림을 전혀 모르는 사람이 전시회에 가서 다양한 그림을 봐도 뭐가 좋고 뭐가 별로인지 기준을 잡기 어려운 것과도 비슷합니다. 자꾸 보고 오디오 가이드도 듣고 해야지 그림을 보는 자신만의 기준이 서서히 생기지요.

목소리 녹음 비교도 마찬가지입니다. 자꾸 녹음해서 들어보고, 자기 발음과 원어민의 발음에 어떤 차이가 있는지 느껴지지 않으면 옆 사람에게도 물어보세요. 자기 문제점을 스스로 인지하기 어려울 때는 제3자에게 물어보는 것이 제일 효과적입니다. 옆 사람이 '별 차이 없는데'라고 하는 일은 거의 없습니다. 오히려 마음이 상할 정도로 심하게 정직한 대답을 듣게 되지요. 하지만 절대로 상심하지 마세요. 누구나 다 그렇게 시작합니다. 저도 그랬어요.

내 문제점이 파악됐다는 생각이 들면 이를 수정하는 방향으로 최대한 노력하면서 계속해서 녹음과 청취를 반복합니다. 잘 안된다고 새로운 단어나 문장을 녹음하지는 마세요. 내 발음이 너무나 구려서 다시는 듣고 싶지 않을수록 수정하는 녹음을 반복해야 합니다. 안 되는 발음일수록 계속 반복해 녹음하고 들으면서 고치는 노력을 해야 가장 좋은 결과를 얻을 수 있습니다. 이렇게 하면 발음이 굉장히 빠른 속도로 좋아져요.

특정 단어를 발음하면서 녹음했는데 그 발음이 마음에 들지 않는다고 칩시다. 이런 경우에 많은 분이 제일 그럴듯하게 낼 수 있는 발음을 녹음해서 원어민의 발음과 비교하면서 '역시 내 발음도 나쁘지는 않아'라고 자기 위안을 해요. 하지만 이렇게 하면 아무 효과도 보지 못합니다. 잘 안되는 발음을 직접 느끼고 집어내서 고치는 게 이 학습법의 목표인데, 문제점을 자꾸 회피하면 아무런 의미가 없어요. 이렇게 시간을 낭비할 거라면 차라리 그냥 안 하는 편이 낫습니다.

이 녹음법을 실행하면서 주의할 사항이 또 한 가지 있습니다. 녹음을 들으면서 많은 분이 자기 발음에만 신경을 씁니다. 하지만 발음보다 더 중요한 부분이 있어요. 바로 '어조

(intonation)'입니다. 한 문장을 구사할 때 그 문장 안에서 발생하는 음의 높낮이를 얘기하는 겁니다. 표준어로 '밥 먹었어?'와 경상도 사투리로 '밥 묵었나?'를 생각해보세요. 단어를 발음할 때도 약간의 차이가 있지만 진짜로 큰 차이는 어조, 즉 말투에 있습니다. 외국어를 배울 때 이 말투를 최대한 비슷하게 흉내 내야 하는 거죠. 자신이 외국어를 구사하는 원어민이 되었다는 최면을 걸면서 연습하면 매우 효과가 좋습니다.

저는 외국어 말투를 익힐 때 우선 제가 인간이 아니라는 착각을 스스로에게 강제합니다. "나는 인간이 아니다. 나는 앵무새다. 나는 인간이 아니다. 나는 앵무새다"라고 되뇌면서 말입니다. 그런 후에 제 뇌가 백지장처럼 리셋이 되었다는 기분을 실감 나게 느끼려고 노력하며 외국인의 말투를 따라 합니다. 물론 제가 50년간 반복해오던 버릇이 고스란히 남아 있는데 뇌가 백지장처럼 새하얘질 리는 없습니다. 그래도 일종의 자기최면을 걸어보는 겁니다.

혹시 퇴근길이나 귀갓길에 소변이 너무 급해서 화장실 생각이 간절했던 적이 있나요? 집까지 도착하는 데 남은 시간이 5분이라면 보통은 '5분만 참자, 5분만 더 참자'라고 스스로에게 주문을 외웁니다. 하지만 이렇게 하면 집에 도착해 변기 앞에 서서 바지춤을 푸는 순간 실례를 해버리게 됩니다. 5분이 다 되었기 때문에 심리적으로 자기 주문이 풀려버리는 거죠.

죽어라 5분을 참았던 노력이 물거품이 되면서 말할 수 없는 수치심에 휩싸이게 됩니다.

그런 적이 없다고요? 다행이네요. 저는 여러 번 있었거든요. 어렸을 때 이런 경험을 여러 번 한 저는 방법을 바꿔봤습니다. 소변이 마려워 죽겠는데 집까지 5분 거리가 남았다면 이런 주문을 외우는 거죠. '10분 남았다. 10분만 더 참자'라고요. 이렇게 하면 집에 도착해서 곧바로 화장실에 가도 심리적으로는 아직 5분의 여유가 있거든요. 심지어 집 현관에서 화장실까지 가는 발걸음도 그다지 급하지 않아집니다. 마음만 살짝 달리 먹었을 뿐인데 엄청난 결과 차이를 보이게 되죠.

원어민의 발음을 들으면서 따라 하는 본인의 목소리를 녹음하기 전에 이렇게 주문을 외워보세요.

"나는 한국인이 아니다. 나는 말을 처음 배운다. 나의 뇌는 백지장처럼 깨끗하다."

그러고 나서 원어민의 발음을 그대로 따라 해봅니다. 이를 녹음해서 들어보세요. 물론 단번에 완벽하게 바뀌지 않습니다. 하지만 분명히 조금씩 나아집니다. 이렇게 꾸준히 계속 반복하면 원어민과 상당히 비슷한 발음과 어조를 구사하게 될 거예요.

몇 년 전까지만 해도 저는 지인들과 노래방에 가서 팝송을 부르면 "거참, 발음 한번 구수하네"라는 소리를 들었습니다. 영어 발음이 영어 같지 않다는 비웃음이었지요. 하지만 6개월 동안 원어민을 따라 하는 제 목소리를 녹음해 듣고 고치기를 반복한 결과, 이제는 더 이상 그런 말을 듣지 않습니다. 오히려 제 영어 발음이 듣기평가에 나오는 소리처럼 분명해서 알아듣기 좋다고 하는 분이 많아지더군요. 물론 제 개인적으로는 그럴 리가 없다고 생각합니다만, 어쨌든 영어 발음이 한국어 발음처럼 구수하다고 놀림받는 것보다는 기분이 훨씬 낫지요.

돈 한 푼 안 들이고 혀를 완벽하게 풀어줄 도구가 여러분 바로 옆에 손만 뻗으면 닿을 거리에 항상 있고, 방금 제가 자세한 사용법까지 알려드렸으니 오늘부터 시도해보세요. 제가 아무리 좋은 방법을 가르쳐드려도 여러분이 직접 해보지 않으면 아무 소용없답니다.

요즘 저는 한 단계 더 나아가 음성인식 기능을 활용합니다. 카카오톡이나 번역 앱을 켜고 외국어로 말한 뒤, 글자로 변환된 문장을 확인하는 방식이죠. 이렇게 하면 제 발음이 얼마나 정확하게 전달되는지 바로 점검할 수 있습니다.

★ 외국어 근육을 만드는 가장 빠르고 확실한 방법

오히려 선생님을 가르쳐라

여러분이 모르는 사실이 하나 있습니다. 외국어 선생님이 여러분을 가르치기 전에 여러분이 먼저 선생님을 가르쳐야 합니다. 이 책을 읽는 분 중에서 이 사실을 아는 사람은 거의 없을 겁니다. 그걸 아는 분은 굳이 이 책을 읽을 필요 없이 이미 외국어 학습을 자율적으로 잘하고 있을 테니까요.

'가르침을 받아야 할 내가 무슨 수로 선생님을 가르쳐? 그것도 외국인 선생님을?' 이렇게 생각하는 분이 많다는 걸 잘 압니다. 하지만 제 이야기는 여러분이 외국인 선생님에게 그 외국어를 가르치라는 것이 아닙니다. 어떻게 하면 여러분을 가장 잘 가르칠 수 있는지에 관해 먼저 선생님에게 알려드려야 한다는 말이지요.

　우리는 새로운 사람을 만날 때마다 코딩(coding) 작업을 합니다. 상대방과 내 다이얼(dial), 즉 주파수를 맞추는 작업을 하지요. 제대로 된 대화를 나누기 전에 거주지, 나이, 가족 등 상대방에 관한 기본 정보를 교환하고, 그다음으로 공통 관심사에 관해 얘기하는 경우가 제일 많습니다. 이렇게 상대방에 관해 서서히 알아가면서 천천히 서로를 이해하게 됩니다. 반대로 말해서 상대방에 관해 아무것도 모르는 상태에서는 서로 함께 나눌 수 있는 것이 거의 없다는 이야기죠.

　외국어 선생님과의 관계도 마찬가지입니다. 여러분이 자신에 관한 정보나 공부 의도를 선생님에게 먼저 알려야 합니다. 그러니 실질적으로는 여러분이 여러분 자신에 관해 선생님을 가르쳐야 하는 셈이죠. 물론 최고의 실력을 지닌 선생님은 배우는 사람이 굳이 장황하게 얘기하지 않아도 단시간에 여러분에 대해 정확히 파악합니다. 그런데 안타깝게도 이런 경우는 굉장히 드물어요. 8개 언어를 꾸준하게 배워온 저도 그런 선생님은 딱 두 번밖에 못 만났습니다. 참고로 저는 8개 언어를 배우는 동안 정말 많은 선생님을 경험했습니다.

　꼭 교실에 함께 있으면서 한 명은 칠판에 쓰며 가르치고, 다른 한 명은 책상에 앉아 그 내용을 필기하며 비워야 선생님과 학생의 관계가 성립되는 것은 아닙니다. 저녁 식사를 함께

하면서 비슷한 프랑스어 단어들의 미묘한 차이를 열심히 알려주는 친구도 그 순간에는 제 언어 선생님이었습니다. 와인을 맛보면서 쓰는 표현들의 올바른 용법을 알려주신 제 와인 스승님도 그 순간에는 제 언어 선생님이었지요. 이렇게 제가 가르침을 받은 언어 선생님들은 최소 500명은 넘을 것 같네요.

그중에서 두 분만이 저를 만나자마자 어떻게 가르쳐야 하는지 바로 파악하셨지요. 확률로 따지자면 0.25퍼센트이군요. 그러니 이런 선생님을 만나기는 사실상 거의 불가능하다고 생각해야 합니다. 대신 어느 정도 자질이 있는 선생님이 더 좋은 선생님으로 거듭나도록 여러분이 직접 가르쳐주세요.

그럼 이제부터 외국어를 배우는 학생이 초기에 선생님을 어떻게 가르쳐야 하는지 알려드리겠습니다. 여러분은 자신이 어떤 교육을 필요로 하는지 선생님에게 정확히 알려야 합니다. 어떤 식의 외국어 교육이 필요한지, 외국어를 배울 때 내 장단점은 무엇인지, 외국어를 배우면서 가장 힘들었던 점은 무엇인지 등을 가르쳐줘야 하는 것이죠. 이걸 아주 자세하게 알릴수록 여러분의 외국어 학습에는 더더욱 큰 도움이 됩니다.

예를 들어 일주일에 한 번씩 60분 동안 외국어를 배운다면 첫 2주간, 즉 120분을 활용하세요. 그 시간 내내 자기 자신에 관한 구체적 정보와 요구 사항을 선생님에게 전달할 수 있다면 그 이후로 여러분은 선생님에게서 계속 어마어마한 양질의 교육을 받게 됩니다.

그런데 사실상 그럴 일은 거의 없지요. 무려 120분 동안이나 자신에 관해 선생님에게 주지시킬 수 있는 실력에 올라 있다면 대부분 그 언어를 그만 배우거든요. 물론 이렇게까지 유창한 수준에 올라도 계속 배움을 이어가면 그때부터는 원어민의 수준에 점점 가까워지는 전혀 새로운 세상이 펼쳐집니다.

하지만 여러분의 능력으로는 아직까지 120분을 꽉 채워 선생님을 가르치지 못합니다. 그래도 본인이 할 수 있는 최선을 다해 구체적으로 여러분의 정보를 선생님에게 전달해야 해요. 최소한 20분만이라도 자신이 외국어를 배우면서 지녀온 허와 실을 선생님 앞에서 적나라하게 까발려야 하는 겁니다. 무슨 이야기인지 순차적으로 더 자세히 설명해드릴게요.

저는 외국어를 배우면서 새로운 선생님을 만나면 제게 무엇이 필요한지, 무엇을 배우고 싶은지를 최대한 정확히 전달하는 데 굉장히 많은 시간을 할애합니다. 제가 많이 배우지 못해서 아직 구사력이 부족하다면 한 번에 깔끔하게 정리해서 의사 전달을 하기가 어려우므로 구체적인 예를 들어 설명하지요.

예를 들어 제가 처음 독일에 가서 외국어와 와인 공부를 시작했을 때 가장 당황스러웠던 일은 슈퍼마켓에 가서 우유를 사는데 완전히 다른 형태의 두 가지 우유가 있다는 것이었습니다. 하나는 한국 우유처럼 유통기한이 1~2주 내로 짧은 냉장 우유이고, 다른 하나는 반년 이상 보관이 가능한 상온 우유였습니다. 우유를 상온에서 반년간 보관한다는 것 자체가 한국인인 저는 이해가 되지 않더군요. 우유에 방부제를 왕창 집어넣었나 하는 생각마저 들더라고요. 너무 궁금해서 마침 옆에서 와인을 사는 사람에게 질문했는데 그분은 제 질문 자체를 이해하지 못하더군요.

그 경험을 독일어 선생님에게 최대한 생생하고 정확하게 설명했습니다. 그러면서 내가 생각하기에 그런 어려움을 겪었던 이유는 잘못된 문장 구성 때문인 것 같고, 나는 아직 제대로 된 문장을 길게 만들어낼 능력이 되지 않는 듯하니 간결하게 끊어 말하면서도 의사 전달은 분명하게 하는 방법을 배우고 싶다고 명확하게 밝혔습니다. 말이 잘 나오지 않을 때는 짧게 끊어 표현하는 연습이 매우 효과적이니까요. 원래 제가 독일어 선생님에게 하고 싶었던 말은 다음과 같습니다.

"처음 독일에 갔을 때 슈퍼마켓에 우유를 사러 갔는데요, 한국에서도 흔히 보이는 냉장식품 코너의 우유가 있는 반면에 상온식품 코너에도 반년씩 보관이 가능한 우유가 따로 보여서 정말 당황스러웠습니다. 한국에서 우유는 항상 신선하게 마셔야 하는 거라서 이해되지 않았기 때문에 마침 옆에 있는 분에게 여쥐봤어요. 그런데 그분은 제 질문 자체를 이해하지 못하시더군요. 아마도 제가 길고 장황하게 설명하는 과정에서 의미를 잘 전달하지 못했던 것 같아서 독일어 문장을 짧고 분명하게 구사하는 것부터 배워나가고 싶습니다."

하지만 이처럼 설명하기는 매우 어렵습니다. 이 정도의 내용을 그대로 정확히 전달하는 분이라면 굳이 독일어 문장을 짧고 분명하게 구사하는 법을 배울 필요도 없겠지요. 그렇지 못한 여러분은 아래와 같이 풀어서 얘기하는 편이 좋습니다.

"처음 독일에 가서 우유를 사러 갔어요."
"한국에서는 우유를 항상 신선하게 마셔요."
"그런데 독일에서는 6개월 보관이 가능한 우유를 팔아요."
"심지어 냉장고에 들어 있지도 않아요."
"상온에 보관하는 우유는 처음 봤어요."
"궁금해서 옆 사람에게 물어봤어요."
"그런데 그분이 제 질문을 이해하지 못하시더군요."
"제가 문장을 너무 길게 만들어서 질문했나 봐요."
"짧고 분명하게 의사 전달을 하는 방법부터 제대로 배우고 싶어요."

이런 식으로 선생님을 가르치는 겁니다.

별것 아닌 듯 보이지만, 매우 중요한 개념이에요. 내가 겪고 있는 어려움이 무엇인지를 구체적으로 이해시키고 나에게 필요한 해결책까지 제시하는 과정에서, 평균 수준 이상의 선생님이라면 학생에게 필요한 것이 무엇인지, 그리고 이를 해결하기 위해 어떻게 가르쳐야 하는지를 분명히 파악하게 되거든요. 선생님과 계속 수업해 나가면서 중간중간에 이런 인풋(input)을 주면 선생님은 점점 더 여러분을 잘 가르칠 수 있습니다. 여러분에게 외국어를 가르치는 사람은 선생님이지만, 선생님의 손을 잡아끌면서 최고로 잘 가르칠 도구를 쥐여주고 지름길을 알려줄 사람은 바로 여러분입니다.

제가 직접 겪은 생생한 경험을 한 가지 더 말씀드리면 이해하기 훨씬 쉬울 겁니다. 저는 마흔네 살에 미국 회사에 처음으로 취업되어 일을 하러 왔어요. 미국에 온 지 2년이 되었을 때 제게는 풀리지 않는 의문이 있었습니다. 주위 사람들과 대화하는 저의 영어 발음을 아무리 녹음해서 들어봐도 미국인이 영어를 하는 것과는 근본적인 차이가 있었어요. 그런데 그게 뭔지를 도대체 모르겠더라고요.

그곳에서 제가 만나는 사람들은 미국인밖에 없고, 한국말을 하는 상대는 아내가 유일했습니다. 게다가 저는 유튜브 채널을 운영하면서 영상 촬영 및 편집, 자막 작업까지 모두 직접

하기 때문에 저의 녹음된 영어 발음을 항상 들었지요. 또한 많은 외국어를 익히면서 다양한 언어에 노출되어 성인치고는 외국어를 듣는 귀가 매우 발달해 있습니다. 그런데도 제 발음과 미국인의 발음에 아주 근본적인 차이가 느껴지기만 할 뿐 그게 정확히 무엇 때문인지를 모르겠더군요.

그러다가 영어 화상수업을 했는데 선생님이 제 발음을 하나 고쳐주셨습니다. '일상 회화'를 뜻하는 'colloquial speech'를 발음하는데 colloquial이 제 마음에 들 만큼 분명하게 발음되지 않았지요. 그래서 제가 collo를 먼저 발음하고 약간 쉰 다음에 quial을 발음하면 제 발음이 훨씬 나아지는 것 같다고 선생님에게 얘기했습니다. 저에 대한 인풋을 드린 거죠. 그랬더니 선생님이 collo에서 두 번째 o는 '오'가 아니라 '오우'로 입술을 오므리는 동작까지 정확하게 하면서 발음해야 한다는 겁니다. 그러면서 영어의 많은 o가 그냥 '오'가 아니라 '오우'로 발음되기 때문에 실질적으로는 두 음절 발음이라고 얘기하시더라고요. 예를 들어 home(집)도 '홈'이 아니라 '호움'으로 정확히 발음해야 한다고요.

영어에서는 o가 '오'로 입이 끝까지 열려 있는 형태로 발음되기보다는 '오우'로 후반부에 입이 닫히는 형태로 발음되는 경우가 훨씬 많은데, 스페인어권 사람들을 비롯한 많은 외국인이 이를 그냥 '오'로 발음한다고 부연 설명도 해주셨습니다.

그렇게 발음되는 단어들까지 쭉 나열해주시더군요. 선생님이 '오우'로 정확히 두 음절을 발음해야 한다고 적어주신 영어 단어를 나열해보겠습니다.

> O, go, grow, don't, both, almost, over, open, own, only, also, below, close, program, so, zero, those, follow(두 번째 o의 발음), video, know, no, most, show, hello, home

저는 망치로 뒤통수를 얻어맞은 것처럼 멍해졌습니다. 제가 날마다 쓰고 가장 흔하게 입에 담아오던 단어들이 여기에 전부 들어 있는 거예요! 매일 영어를 쓰면서 저 단어들을 한 번도 안 쓰고 넘어가는 날은 단 하루도 없었을 겁니다. 그런데 그 오랜 시간 동안 제 발음은 하루도 빠짐없이 항상 틀렸던 거죠. 'r, th, v' 등 한국어 발음에는 없어 생소한 영어 발음을 고치는 데에만 신경을 쓰고, 정작 한국어 발음에도 있어서 정확히 해주기만 하면 되는 발음은 수없이 놓쳤던 겁니다.

저는 이런 제 상황을 다시 선생님께 설명하고 강력히 요청했습니다. 앞으로 제가 얘기할 때 이 '오우' 발음이 분명하게 들리지 않으면 그럴 때마다 제 말을 끊고 고쳐달라고요. 두 번째 인풋을 한 겁니다. 매번 제 말을 끊어야 해서 당분간 의사소통이 잘 안되거나 느려져도 상관없으니 반드시 그때마다 제 말을 끊어달라고 요청했지요. 선생님께 드리는 부탁인 동시에 선생님으로서의 의무이기도 하다는 말도 덧붙였어요.

제가 선생님께 강력한 가르침을 드린 경우입니다. 이 선생님으로부터는 일주일에 두 번씩, 늘 선생님을 열심히 가르쳐 가면서 그분에게서 영어를 배웠습니다. 영어를 배워가면서 저의 문제점, 더 배워야 할 부분, 정말 필요로 하는 부분을 느낄 때마다 조금도 망설이지 않고 바로바로 선생님께 알려드리면서 저를 더 제대로 가르쳐줄 방향을 제시하는 것이지요.

학생에 대한 애정과 관심이 있는 선생님이라면 이런 가르침에 귀를 기울입니다. 이런 요청에 귀를 기울이지 않는 선생님에게서 외국어를 배운다면 여러분은 선생님을 과감하게 바꿔야 합니다. 여러분에게 관심도 없고 애정도 없는 선생님에게 계속 매달려서 외국어를 배울 필요가 없는 거죠. 평균 수준 이상의 선생님을 찾아서 여러분의 현재 상황, 원하는 니즈(needs)를 매일매일 알리고 가르쳐가며 외국어를 배우세요.

여러분에게 외국어를 가르치는 사람은 선생님이지만, 선생님의 손을 잡아끌면서 최고로 잘 가르칠 도구를 쥐여주고 지름길을 알려줄 사람은 바로 여러분입니다.

동기가 부족하다면
우선 놀아라

　외국어를 배우면 반드시 정체기가 찾아오고, 이로 인해 스트레스를 받으며, 그게 심해지면 절망까지 하게 되지요. 그래서 외국어를 포기하게 되는 경우가 많습니다. '역시 난 안 돼'라고 생각하거나, 심지어 '역시 난 언어 머리가 없어'라는 이상한 생각까지 듭니다. 하지만 지금 제 책을 읽으면서 여러분이 쓰고 있는 것이 소위 '언어 머리'입니다. 언어 머리가 없이는 글을 이해하지 못해요. 여러분은 기본적으로 모두 언어 머리를 가졌고, 현재 그 언어 머리를 왕성하게 사용하고 있는 거죠. 제가 이렇게 말씀드려도 머리로는 이해하겠지만 가슴으로는 이를 받아들이지 못하는 분이 많을 겁니다. 한번 슬럼프에

빠지면 금방 헤어 나오기가 어려우니까요.

이럴 때는 쉬세요. 하루이틀이나 일주일 쉬는 게 아니라 아주 푹 쉬세요. 당장 시험을 쳐서 성적을 받아야 한다면 곧바로 쉬기 어렵겠지요. 하지만 그렇지 않고 스스로 목표를 세워서 달성하려고 노력하고 있는 경우라면 심한 슬럼프, 극심한 회의감에 빠졌을 때는 멈춰서 쉬어야 합니다. 외국어를 완전히 놓아버리세요. 여태껏 외국어를 배우는 데 썼던 시간을 자신이 더 좋아하는 일, 자신을 더 기쁘게 만들어주는 일을 하는 데 쓰세요. 운동선수가 경기를 맹렬히 뛰다가 휴식을 충분히 취해야 다음 경기에서 또 제대로 뛸 수 있듯이, 여러분에게도 충분한 휴식이 필요합니다.

앞에서 잠깐 말씀드렸지만, 저는 외국어를 배우다가 슬럼프가 심하게 오면 몇 년 동안이나 그 언어에서 완전히 손을 놓아버립니다. 첫 번째 외국어인 독일어를 놓았을 때는 제가 몇 년 뒤에 그 외국어로 다시 돌아갈 거라고는 생각도 하지 못했어요. 독일어는 이제 완전히 이별이라고 생각했습니다. 그런데 몇 해가 지나고 슬럼프에 대한 기억조차 희미해졌을 즈음에는 다시 독일어가 손에 잡히더군요.

이런 과정을 여러 언어에서 반복하다 보니 이제는 제 패턴을 파악하게 됐습니다. 저는 외국어를 배울 때 상당히 집중하는 편이에요. 옆 사람보다 훨씬 많은 에너지와 관심을 쏟으며 외국어를 배우지요. 다양한 방법을 번갈아 활용하고 최고의 효율을 낼 수 있는 도구를 개발하기도 하며 그야말로 최선을 다해 배웁니다. 그렇기 때문에 오히려 슬럼프가 한번 시작되면 깊이 오게 되고 쉽사리 헤어나지 못하겠더군요. 최선을 다해 올라갔던 만큼 갑자기 내려가야 하면 마음이 더 상하고 내리막길이 더욱더 가파르게 느껴지는 겁니다.

일의 능률이 안 오르는데 그 일을 계속 손에 잡고 있는 것만큼 미련한 행동도 없습니다. 보통 두 가지 이유로 능률이 오르지도 않는 일거리에 매달려 있지요. 하나는 습관 때문입니다. 우리는 어렸을 때부터 공부가 잘 안돼도 될 때까지 책상에서 일어나지 말고 계속 책을 붙잡고 있어야 한다고 배웠죠. 능률이 중요한 게 아니라 책상 앞에 앉아 있는 시간의 절대량이 중요한 거죠. 오죽하면 '삼당사락(三當四落)'이라는 말이 있었을까요? 3시간을 자면 자신이 원하는 대학에 입학하고 4시간을 자면 떨어진다는 말이었지요. 그러나 능률이 오르지 않는 상태에서 하루 종일 책만 붙들고 앉아서 딴생각을 하는 게 과연 무슨 소용일까요?

저의 20대를 돌아보면 더 쉽게 알 수 있죠. 그때까지만 해도 회사를 다니거나 시험을 준비하면서 시간을 자율적으로 활용할 여지가 없었거든요. 능률이 오르건 말건 무조건 최대한 많은 시간을 회사 일이나 시험 준비에 쏟아부었지요. 그런데 그 결과가 어떤지 아세요? 저는 그때 했던 업무와 아무 관련이 없는 일을 하고 있고, 당시에 준비한 시험에서는 모조리 떨어졌답니다. 말씀드린 것처럼 공무원시험에서는 1차 시험조차 통과를 못 했고, 유학을 떠나기 위한 시험에서도 점수가 시원찮아 처음에는 포기했으며, 영어와 관련해서는 변변한 토익 점수 하나 제대로 받지 못했어요. 그래서 지금 제가 다시 20대로 돌아가고 싶냐고 물으면 저는 조금의 망설임도 없이 "아니오!"라고 대답합니다.

저는 지금의 제가 좋습니다. 지금은 일을 하면서 제 주장을 펼치고, 스스로 업무 스케줄을 짜며, 제 분야의 전문가들과 함께 여러 언어로 자유롭게 토론합니다. 20대에는 단 하나도 못 했던 일들을 지금은 모두 하고 있는 거죠. 과거의 저를 생각하면 절대로 있을 수 없는 일이지요.

저는 일을 하거나 뭔가를 배우다가 몸과 마음이 지치면 그냥 며칠 동안 모든 것에서 손을 완전히 놓고 쉬어버립니다. 며칠 내내 소파에 누워서 뒹굴거리면서 넷플릭스 드라마 시리즈를 전부 정주행하기도 하죠. 침대에 누워서 졸린 눈을 비비며 잠까지 참아가며 스마트폰으로 게임만 할 때도 있어요. 그러다가 너무 졸려서 더 이상 참을 수 없으면 그냥 자버리고요. 졸린 것까지 견디며 사력을 다해 놀다가 도저히 못 버티고 잠

들면 16시간씩 자기도 합니다. 그러고는 깨면 또 놀아버리죠.

이럴 때는 휴가를 최대한 끌어모아 전부 탕진하면서까지 해야 할 일을 모두 뒤로 미룹니다. 이렇게 며칠, 아주 심할 때는 몇 주간 한량처럼 놀면서 쉬면 드라마를 너무 많이 봐서, 게임을 너무 심하게 해서 몸이 엄청나게 피곤해집니다. 그런데 몸은 피곤해져도 뭔가를 다시 시작할 의욕은 이상하게 차오르는 걸 느끼게 돼요. 그때 의욕을 갖고 다시 일을 시작하며 배움을 재개하지요. 그러면 능률이 높아져 업무도, 공부도 효율이 매우 좋아지더라고요. 그동안 밀린 일들을 며칠 만에 싹 해치우고, 그다음 일들도 계속 효율적으로 해내지요.

그렇다고 해서 제가 이런 식의 한량 휴식법을 여러분에게 권하는 것은 아닙니다. 어떤 분은 이런 식으로 노는 법을 실행하면 '내가 지금 뭐 하는 거지? 나는 쓰레기인가?' 하고 심한 자괴감에 빠질 수도 있어요. 방전된 자신을 다시 잘 충전할 수 있는 방법은 사람마다 다릅니다. 어떤 분은 몸이 녹초가 될 정도로 고된 등산을 다녀오면 재충전되고, 어떤 분은 쇼핑하면 생기를 되찾고, 또 어떤 분은 많은 친구와 어울려 맛있는 음식을 잔뜩 먹고 마시면 기분 전환이 되지요. 여러분 각자에게 가장 잘 맞는 재충전 방식이 있는 겁니다. 그냥 제 경우에는 한량 짓을 하는 게 재충전에 가장 큰 도움이 될 뿐이에요.

외국어를 배울 때도 마찬가지입니다. 잘 배워지지 않는 외국어 때문에 스트레스가 심하고 슬럼프로 허우적거리게 되면 상황이 허락하는 한 최대한 오랫동안 외국어를 손에서 놓는 겁니다. 컨디션이 웬만큼 회복될 때까지 계속 손에서 놓아버리는 거죠. 저는 최장 4년까지 완전히 놓아버린 적이 있네요. 와인시음학 학위를 따는 데 실패한 이후로 4년 동안 프랑스어에 신경을 완전히 끊었어요. 그 긴 시간 동안에는 프랑스어로 인사도 하지 않았죠. 그러고 나서 다시 프랑스어를 손에 잡고 몇 단계 업그레이드를 했답니다.

우리가 형편없는 능률을 보이면서도 계속 뭔가를 손에 잡고 있는 또 다른 이유는 '남에게 보여주기 위해서'입니다. 이건 첫 번째 이유보다 더 나빠요. 첫 번째 이유와 똑같이 전혀 능률이 오르지 않을 뿐만 아니라 이 경우에는 남의 눈치까지 쉴 새 없이 보게 만들거든요. 첫 번째 경우가 스스로를 속이는 행위라면 두 번째 경우는 스스로와 남을 동시에 속이는 행위죠.

저는 고등학교 2학년 내내 이 짓을 했습니다. 그때 유행하던 오락이 있었어요. '스트리트 파이터 2'라는 오락실 게임이었지요. 무술가 두 명이 나와서 대련하는 게임입니다. 컴퓨터와 대련하기도 하고, 실제로 맞은편 오락기에 앉은 사람과 대련하기도 했습니다. 저는 꼬박 1년간 이 오락에 완전히 빠졌어요. 학교에 꼭 가야 하는 시간만 빼고는 주중이건 주말이건 부모님에게 공부하러 간다고 거짓말하면서 독서실이나 도서관에 책가방만 던져놓고는 오락실에서 살았습니다. 엄청난 시간과 에너지를 쏟아부었으니 그 오락을 꽤나 잘하게 되었죠. 하루 종일 오락을 해도 돈이 거의 들지 않을 정도로 실력이 늘었어요. 아이스크림 하나 사 먹을 돈으로 반나절 동안 오락을 했거든요.

하지만 그 덕분에 제 성적은 1년 만에 상위권에서 하위권으로 뚝 떨어졌습니다. 그러면서도 부모님 앞에서는 계속 공부하는 척했어요. 나중에는 결국 모든 사실을 다 아시게 되었지만요. 성적도 떨어질 대로 떨어져서 반에서 몇 등 이내에 들던 저의 등수가 50명 중에서 40등까지 추락했으니 모르실 수가 없었겠네요. 그때 부모님은 마음에 상처를 입으셨고 담임 선생님도 매우 속상해하셨습니다. 능률이 오르지 않는 상태로 계속 책상 앞에 앉아 있는 것보다도 더 나쁜 결과를 내게 된 거죠.

제가 부모님 앞에서 계속 공부하는 척을 했던 것처럼 여러분들께서도 '남에게 보여주기 위해' 뭔가를 꾸며내면 최악의 결과를 맞게 됩니다. 한량 짓과는 비할 바 없이 자괴감도 심하게 들고요. 외국어 공부도 마찬가지예요. 가족에게 보여주기 위해, 회사에 보여주기 위해, 동료에게 보여주기 위해 학원에 등록해 다니는 건 외국어 학습에 전혀 도움이 되지 않습니다.

그 시간에 차라리 친구들을 만나서 치맥을 하는 게 나아요.

외국어 공부가 정 안 될 때는 한동안 손에서 놓아버리세요. 그래도 괜찮습니다.

일의 능률이 안 오르는데 그 일을 계속 손에 잡고 있는 것만큼 미련한 행동도 없습니다.

독학은 절대 하지 마라

저도 유튜브 채널 〈와인킹〉을 운영하면서 와인과 외국어에 관한 정보를 계속 업데이트하지만, 요즘은 유튜브에 좋은 정보가 참 많이 올라옵니다. 옛날 같으면 얼굴 한 번 보기도 어렵고 목소리 한 번 듣기도 힘든, 각 분야에서 대단한 전문가들의 지식이 담긴 영상을 집에 편히 앉아 보고 들을 수 있지요.

하지만 여러분은 유튜브 콘텐츠를 잘 가려서 소비해야 합니다. 훌륭한 정보를 제공하는 양질의 콘텐츠도 많지만 잘못된 상식을 퍼뜨리는 저질의 콘텐츠가 훨씬 많거든요. 문제는 해당 분야에 관한 일정 수준의 지식이 없다면 어떤 정보가 양질인지 저질인지 가려낼 능력이 우리에게는 없다는 사실입니다. 외국어를 배우는 데 계속해서 어려움을 겪는 사람들은 대부분 유튜브에서 외국어 학습 콘텐츠를 보고 들으면서 이 내용이 올바른지 아닌지를 가려내지 못합니다. 그래서 잘못된 내용의 외국어 강의 콘텐츠를 소비하면서 언어학습을 더욱 망치는 결과가 자주 발생합니다. 말씀드렸던 것처럼 양질의 콘텐츠보다는 저질의 콘텐츠가 압도적으로 많거든요.

그중 대표적인 예가 '외국어 독학법'에 관한 콘텐츠입니다. 아주 그럴싸하지요. 유튜브 검색창에 '영어 독학'이라고 치면 돈 한 푼 안 들이고 영어를 배우는 법에 관한 영상이 무수히 쏟아집니다. 공짜로, 그것도 혼자 공부해서 영어를 아주 잘하게 되는 방법을 무료로 배울 수 있다니 얼마나 솔깃한 이야기예요?

하지만 이는 절대로 따라 하면 안 되는 방법입니다. 영어를 독학으로 배우는 방법을 알려주는 영상의 내용이 잘못됐다는 이야기가 아닙니다. 그 콘텐츠에 담긴 내용 자체는 옳을 수도 있고, 유용할 수도 있어요. 하지만 그 출발점이 완전히 틀렸습니다. 외국어는 절대로 독학으로 배우면 안 되기 때문이지요.

한번 생각해보세요. 토론 잘하는 법을 배우겠다면서 유튜브에서 '토론하는 법 독학하기'를 검색해서 그 방법대로 토론법을 거의 완벽하게 익혀냈다고 칩시다. 그 사람이 막상 누군가와 토론하게 되면 과연 토론을 잘할 수 있을까요? 그럴 리가 없습니다. 토론과 의사소통의 근간은 대화입니다. 토론 과정과 의사소통 과정은 완전히 똑같지요. 대화를 통해 서로 간의 의사소통이나 토론이 이루어지고, 또 반드시 그래야 하는 일입니다. 이 과정을 혼자서 독학으로 익히겠다는 건 마치 훌륭한 테니스 선수가 되겠다면서 혼자서 벽에 대고 테니스공만 날리는 연습을 몇 년 동안 계속하는 것과 마찬가지입니다. 벽치기 연습을 마치고 테니스 대회에 출전하면 과연 우승할 수 있을까요? 어림도 없는 이야기죠. 시작부터 그른 경우입니다.

제가 알고 지내는 사람 중에 이런 식으로 영어를 배운 분이 있습니다. 저보다 몇 살 많은 형인데 명문대를 졸업하고 영어를 독학으로 익혔습니다. 영어를 진짜 잘해요. 이 형은 한국인으로서 느리게 더듬거리면서 영어를 하는 자신의 모습이 아주 싫었다고 해요. 그래서 열심히 외우고 영어로 아주 빠르게 말하는 연습을 몇 년간 혼자서만 계속했다고 합니다. 면벽참선이 아니라 '면벽영어'를 몇 년간 혼자서 한 것이죠. 형은 결국 자기 목적을 완벽하게 달성했습니다. 어느 정도였느냐 하면, 한국어로 말할 때보다 영어로 말할 때 훨씬 빨랐지요. 한국어로 말할 때는 그냥 보통 속도로 자연스러운데, 말을 너무 빠르게 하는 미국인처럼 영어를 하게 된 겁니다.

그에 반해서 당시에 저는 아직 영어 공부를 제대로 시작하지 않았기 때문에 말도 심하게 느리고, 시도 때도 없이 틀린 문장을 구성하고, 이상한 단어들을 쓰는 상태였습니다. 형과 저의 영어 실력은 그야말로 하늘과 땅 차이였지요. 그러던 와중에 형과 함께 미국인을 만나서 대화할 기회가 생겼습니다. 그 결과가 어땠는지 아세요?

형이 아주 유창한 영어로 빠르게 말하면 미국인은 귀 기울여 형의 이야기를 들으면서 고개를 끄덕이고 맞장구를 쳐줍니다. 그런데 막상 질문은 제게 하더군요. 그러면 형이 또 재빨리 그 말을 가로채며 매우 유창한 영어로 대답을 장황하게 합니다. 그런데 그다음에도 미국인은 계속해서 저와 대화하려고 했어요. 귀로는 형의 이야기를 들으면서도 막상 입을 열 때 말은 저한테 거는 겁니다. 여러분은 그 이유를 눈치챘나요?

형은 영어를 아주 잘하는 수준까지 배웠지만 이를 의사소통으로 활용하는 법은 전혀 익히지 못했던 겁니다. 벽을 향해 공을 강력하게 쳐내는 법은 마스터했지만 움직이는 사람과 테니스를 쳐본 적은 없는 것과 똑같습니다. 자기 말을 하기에 급급하고, 이를 아주 빠른 속도로 유창하게 풀어내는 데에는 매우 능하지만, 막상 상대방이 말을 하거나 질문할 때 맞장구치며 수긍하고 함께 대화를 이어가는 기술이 전혀 없었던 것이죠. 형과 이야기를 나누는 외국인의 입장에서는 반응도 호응도 없으니 시끄러운 벽에 대고 얘기하는 것과 별반 다를 바가 없었던 셈입니다.

　반면 저는 영어는 잘 못하지만 상대방이 말하면 귀 기울이고, 이해가 안 되면 질문하고, 한 호흡 끊어가며 웃기도 하고, 때로는 손뼉까지 쳐가며 적극적으로 반응을 보이는 거예요. 그러니 상대방은 더더욱 신나서 저한테 계속 얘기하게 될 수밖에 없지요.

　저는 외국어를 하나씩 더 배울수록 남들은 배우지 못하는 것도 하나씩 더 터득합니다. 바로 나라별, 국적별 맞춤식 대화기술입니다. 특정 언어를 구사하고 제각기 다른 국적을 가진 사람들은 문화가 다를 뿐만 아니라, 이에 더해서 '자존심의 방향'이 모두 다릅니다. 조금만 맞춰주면 방방 뜰 듯이 신나서 얘기하게 되는 요소, 약간만 긁어 부스럼을 내도 불같이 화내며 등을 돌리게 되는 요소가 문화권에 따라 전혀 다르거든요. 하나의 언어를 더 배워가면서 그 문화권 사람들과 계속 의사소통을 하다 보면 그런 요소들을 자연스레 몸에 익히게 됩니다.

　사람들이 종종 제게 묻습니다. '어떻게 그토록 사람을 기분 좋게 하면서 이야기를 자연스럽게 풀어내느냐'고요. 하지만 실제로는 제가 항상 상대방의 기분이 좋아질 소리만 하지는 않습니다. 때로는 너무 심하게 들릴 만한 독설도 자주 하지요. 다만 그러고 나서는 바로 상대방이 신나게 얘기할 수밖에 없는 요소를 건드립니다. 그러면 저와 함께 대화하는 상대방은 금방 다시 기분이 풀어지면서 즐거운 대화를 이어갑니다. 상대방이 즐거워하면서 대화해야 저도 더 즐거워지지 않겠어요? 이렇게 하면 대화를 나누는 대부분의 시간 동안 웃음꽃이 만발합니다.

그런데 혼자서 독학으로 면벽 외국어 학습을 하면 이런 부분을 하나도 배우지 못합니다. 외국어를 배우는 진정한 목적을 잊으면 그 열매가 무르익어도 달콤한 과즙을 전혀 맛보지 못하는 거죠. 건조하게 떠들어대는 일방향 라디오 뉴스 같은 인간으로 다시 태어나는 거예요.

외국어를 제대로 배우는 데 드는 시간과 노력, 에너지와 열정은 그야말로 어마어마합니다. 여러분의 중요한 인생을 일부분 소모하면서 배우는 거잖아요. 똑같은 시간, 똑같은 노력, 똑같은 에너지, 똑같은 열정을 쓰면서 배웠는데, 누군가의 곁에는 사람들이 바글바글 몰리고, 내 곁에는 이야기를 들어주는 사람이 아무도 없으면 너무나 억울한 일이지 않겠어요? 여러분이 계속해서 제 외국어 학습법에 귀를 기울여야 하는 이유입니다. 똑같이 배우더라도 제대로 된 방법을 쓰느냐 아니냐에 따라 이렇게까지 결과가 달라지니까요.

외국어는 절대로 독학으로만 공부하지 마세요. 절대로, 절대로, 절대로 그러시면 안 됩니다.

의사소통의 근간은 대화입니다. 외국어를 독학으로 배우는 건 마치 훌륭한 테니스 선수가 되겠다면서 혼자서 벽에 대고 테니스공만 날리는 연습을 몇 년 동안 계속하는 것과 같습니다.

Tip
AI 제대로 활용하기

언어를 배우기 시작하는 초반 단계, 즉 발음과 기본 문장 구조, 기초 단어를 익히는 시기에는 AI에 기대지 않는 것이 좋습니다. 이 시기는 아기가 기고, 일어서고, 처음 걸음을 떼는 과정과 닮아 있거든요. 아직은 AI가 조금 부정확한 정보를 주더라도, 그걸 걸러낼 힘이 부족한 때입니다.

이 단계에서는 해당 언어를 쓰는 원어민에게 직접 배우는 방법이 가장 안전합니다. 원어민은 기본 발음, 간단한 문장, 기초 단어를 있는 그대로 알려주고, 잘못된 정보를 줄 이유도 없죠. 단어는 앞에서 소개한 대로 120개 정도만 익혀도 간단한 의사소통이 가능해집니다. 이 과정은 빠르면 한두 달, 조금 더 걸리더라도 두세 달이면 충분하니 조급해하지 않아도 되요.

이 시기에는 '원시적인 방법'이 오히려 가장 좋은 방법입니다. 직접 소리 내어 말해보고, 써보고, 적어보며 언어의 뼈대를 몸에 익히는 거죠. 그렇게 기본기를 다진 다음에야 비로소

AI를 활용해도 괜찮습니다.

다만, 기본기를 익힌 뒤 AI를 쓰기 시작할 때도 마음 한편엔 경계심을 남겨두는 게 좋아요. AI의 발전 속도는 매우 빠르지만, 지금 내 수준과 필요를 완벽하게 이해하고 설명해주는 건 아니니까요. 그래서 AI가 제시한 답이나 예문은 반드시 그 언어에 능숙한 사람, 가능하면 원어민에게 확인받는 것이 좋습니다.

그리고 그다음이 중요합니다. AI의 답변과 원어민의 피드백을 나란히 놓고, 차이점과 뉘앙스를 비교해보세요. 표현 방식이 어떻게 다른지, 어떤 부분이 더 자연스러운지 분석하는 습관이 생기면, 나중에 더 어려운 문장을 배울 때도 큰 힘이 됩니다.

결국, 충분한 실력이 쌓이기 전에는 AI의 설명을 무조건 믿고 따라가는 건 위험해요. 원어민의 시선과 비교하며 스스로 판단하는 힘을 길러야 합니다. 그 판단하는 힘을 기르게 된다면 주도권을 손에 쥐게 되는 것이고, 그 주도권을 손에 쥐게 된다면, 비로소 AI를 마음껏 활용할 수 있는 도구를 습득한 거죠.

한두 개의 언어를 뛰어넘어 여덟 개를 해내다

먼저 배우면
좋은 언어가 따로 있을까?

우리나라에서 정규 교육을 받은 분들이라면 여러 외국어 가운데 영어가 가장 친숙하다고 느끼실 겁니다. 그 외의 다른 외국어도 배워보고 싶다면 낯선 언어들 중에서 선택을 해야겠죠. 어떤 언어를 먼저 익히는 것이 좋을까요? 최우선 순위의 답은 '나에게 실제로 필요한 언어'입니다. 해외여행 계획이 있다면 여행 예정지의 언어를 익히고, 업무상 외국어가 필요하다면 해당 언어를 공부해보는 거죠. 좋아하는 외국 드라마나 가수가 있다면 드라마, 노래 감상에 도움이 되는 언어에 도전해보세요. 무언가를 즐기는 마음은 외국어 학습을 이어갈 좋은 동기가 됩니다.

외국으로 나갈 일이 없고 좋아하는 외국 콘텐츠가 딱히 없더라도, 외국어를 배우고 싶다는 의욕은 얼마든지 생길 수 있지요. 그런 분들께 제가 권해드리는 언어는 '일본어'와 '스페인어'입니다. 두 언어 모두 진입 장벽이 낮거든요. 초기 단계의 학습이 수월한 편이에요. 조금 과장해서 말씀드리자면, 첫째 날에 글자와 읽는 법을 배우고 나서는 둘째 날에 간단한 문장을 받아쓸 수 있을 정도입니다. 공부한 티가 바로 나는 거죠. 배운 내용을 써먹는 재미가 쏠쏠합니다. '우와, 하니까 되네!'라며 감탄하다 보면 더 열심히 공부하고 싶다는 마음이 절로 들어요.

우리나라 사람이 일본어를 쉽게 배우는 이유에 대해서는 많이 들어보셨을 겁니다. 일본은 우리나라와 마찬가지로 한자 문화권에 속해서 우리와 같은 한자어를 쓰는 경우가 많아요. 심지어 발음까지 비슷한 단어도 적지 않죠. 다양한 단어를 빠르게 습득할 수 있습니다. 게다가 일본어의 구조는 우리말과 비슷해서 문장을 구성하는 방법 역시 금세 익힐 수 있지요. 기초적인 단어들을 배우기만 해도 금세 간단한 회화가 가능해져요. 일본은 우리나라와 다방면으로 교류하는 이웃 나라인 만큼, 일본어를 익히면 다양한 분야에 활용할 수 있다는 것도 장점입니다.

스페인어는 읽기가 쉽습니다. 단어에 쓰인 글자 하나하나를 전부 다 발음하거든요. 게다가 혀를 떠는 R 소리 외에는 발음에 아무런 기교가 없어요. 알파벳을 발음하는 법을 알아두기만 하면 스페인어를 읽을 수 있습니다. 제가 이렇게 얘기하면 "우리말도 글자 그대로 발음하지 않나요?"라고 말씀하시는 분들이 많은데 그렇지 않습니다. 한국어를 공부하는 외국인들은 이런 질문을 해요. "한국 사람들은 왜 '6월'을 '육월'이 아니라 '유월'이라고 발음하는 거죠? 기역 받침은 어디로 갔어요?" 스페인어는 쓰여 있는 그대로를 깔끔하게 발음하는 언어라 글자와 발음이 다르다는 문제로 괴로워질 일이 없습니다.

스페인어의 또 다른 장점은 전 세계에서 영어 다음으로 널리 쓰이는 서양 언어라는 점입니다. 제 친구의 아들이 미국에서 대학을 다니는데 방학 때마다 스페인어권 나라에 가더라고요. 스페인어를 배우기 위해서요. 미국에서 영어에 이어 가장 많이 쓰이는 언어가 스페인어라고, 배워놓으면 기회의 폭이 넓어질 것 같다고 하더군요. 남미의 경우 브라질을 제외한 모든 나라에서 스페인어를 쓰죠. 서유럽에서도 스페인어가 어느 정도 통합니다. 이탈리아에 가서 스페인어를 해도 사람들이 그럭저럭 알아들을 정도예요. 다양한 곳을 여행하기에 앞서 익혀두면 좋은 언어죠.

반면에 유독 배우기 어려운 언어도 있습니다. 제 경험으로는 독일어 공부가 정말 힘들었습니다. 일단 문법상 성(性) 구분이 존재하는 언어는 익히기 까다로워요. 1장에서 언급했듯이 독일어는 명사에 세 가지 성별이 있어서 단어 하나를 외울 때마다 그 단어의 성까지 같이 외워야 하거든요. 성이 무엇인지에 따라 관사, 형용사 등도 달라지기 때문에 암기해야 할 것이 많습니다.

격(格)에 따라 관사가 달라지는 언어 또한 공부하기 힘든데 독일어는 여기에도 해당합니다. 우리말에서는 명사 뒤에 붙는 조사가 격을 나타내죠. 주격 조사 '이'나 '가'가 붙어 있으면 앞말이 주어임을 알 수 있고, 목적격 조사 '을'이나 '를'이 붙어 있으면 앞말이 목적어임을 짐작할 수 있습니다. 독일어에서는 명사 앞에 붙는 관사가 격을 나타냅니다. 독일어의 격은 네 가지이고 격에 따라 다른 관사를 써요. 그런데 관사의 형태는 단어의 성에 따라서도 달라지거든요. 하나의 단어 앞에 들어갈 수 있는 관사가 열두 가지인 거죠. 이런 문제 탓에 '내가 너에게 이것을 준다'라는 간단한 문장조차 바르게 말하기 어렵습니다.

학생 시절에 동유럽에서 온 친구와 어울린 적이 있습니다. 교환학생으로 서울대에 왔는데 우리말을 정말 잘하더라고요. 그 친구는 무려 열네 개 언어로 의사소통이 가능했습니다. 제가 만났던 사람들 가운데 가장 다양한 언어를 구사하는 사람이었죠. 그 친구에게 독일어가 어렵다고 말했더니 열두 가지 변형쯤은 아무것도 아니라고 하더군요. 자기 나라의 언어에는 몇십 가지의 변형이 있다면서요. 그 친구는 독일어 정도면 정말 쉬운 언어라고 했습니다. 정확히 어느 나라 출신의 친구였는지 잘 기억나지 않지만, 그 나라의 언어를 우리나라 사람이 익히려면 아마 갖은 고생을 해야 할 겁니다.

부득이하게 배워야 하는 경우가 아니라면 되도록 피하시기를 권하는 또 다른 언어는 성조가 존재하는 언어입니다. 이러한 언어에서는 발음이 같더라도 높낮이에 따라 의미가 달라집니다. 성조 언어를 쓰지 않는 우리나라 사람에게는 학습 난이도가 높죠. 한국어에도 성조가 있다고 오해하는 외국인을 가끔 보는데, 그런 얘기를 들을 때면 "개개인이 특정 부분을 강조하려고 악센트를 주는 것뿐이지 한국어에는 성조가 없다"라고 말해줍니다. 성조가 존재하는 것으로 잘 알려진 언어로는 중국어가 있죠. 중국어의 네 가지 성조에 대한 얘기를 듣고 어렵겠다며 혀를 내두른 분들이 많을 텐데요. 태국어에는 다섯 가지, 베트남어에는 여섯 가지 성조가 존재합니다. 글자를 읽는 것부터 녹록지 않아요.

외국어 공부를 막 시작하려는 분들께 어려운 언어를 권해드리지 않는 이유는 '어렵다'는 생각이 외국어 자체에 대한 흥미를 뚝 떨어뜨리기 때문입니다. 좀 더 배우기 쉬운 언어에 대한 의욕조차도 사그라들 수 있어요. 까다로운 언어에 섣불리

도전했다가 언어 공부에 대한 관심을 아예 잃는다면 너무 아쉬운 일이 되겠죠. '어차피 할 일이라면 어려운 일을 먼저 하고 쉬운 일은 나중에 하는 편이 낫다'는 생각은 많은 경우 유용하지만, 언어학습에 있어서만큼은 해당하지 않습니다. 실제로 필요하고, 흥미가 있고, 익히기 수월한 언어부터 배우시기를 추천하고 싶네요.

어떤 언어를 먼저 익히는 것이 좋을까요?
최우선 순위의 답은 '나에게 실제로 필요한 언어'입니다.
차선 순위의 답은 '배우기 쉬운 언어'고요.

한 가지 언어를 배우는 데
1년 이상은 잡지 말자

    외국어 공부에 긴 시간을 들인다고 해서 외국어를 잘하게 되지는 않습니다. 우리나라에서 학교를 다닌 분들이라면 실제로 그렇다는 걸 잘 아실 거예요. 제가 학생이었던 시절에는 중학교 1학년 때부터 영어 수업을 들었습니다. 고등학교 때는 영어 시간이 일주일에 네 시간씩 있었죠. 대학교에 들어가서도 교양 과목으로 매주 영어를 배웠습니다. 그런데도 수업 시간이 돌아올 때마다 지난주에 배운 내용을 떠올리면 기억이 가물가물했어요. 영어를 수년간 공부했지만 머릿속에 제대로 남지는 않았던 거죠.

    '지난주에 배운 게 뭐더라?'라는 생각을 매주 반복해야만 하는 상태는 그야말로 살을 붙일 뼈대 자체가 없는 상태와 다름없어요. 그런 식의 공부를 계속했다가는 살을 붙이기는커녕 뼈대를 제대로 세우지도 못하고 허송세월하기 십상입니다. 앞서 공부한 것들이 뼈대로 남아 있어야 그 내용을 활용하고 심화 학습을 하는 등 살 붙이기가 가능해져요. 저는 요즘 일본어 공부도 할 겸, 취미 생활도 할 겸 〈나 혼자만 레벨업〉이라는 애니메이션을 자막 없이 보고 있습니다. 방영 편수가 많지 않아서 똑같은 내용을 계속 돌려 보는 중인데요, 볼 때마다 전에는 들리지 않았던 표현이 들려요. 이전에 보면서 익혔던 내용이 뼈대가 되어준 덕분에 살이 계속 붙는 거죠.

그렇다면 어떻게 해야 지난 시간에 배운 내용을 기억한 상태로 다음 공부를 할 수 있을까요? 해답은 간단합니다. 잊기 전에 다음 공부를 하는 거예요. 단기간에 집중적으로 배우면 됩니다. 기간을 길게 잡으면 그 기나긴 기간 동안에 계속해서 외국어 공부를 지속해야 한다는 생각에 시작하기도 전에 지쳐버리기 십상입니다. 만약에 시작하기 전에 지치지 않았다고 해도 시작한 지 얼마 지나지 않아서 곧 지쳐버리게 돼요. 달리기를 제대로 해본 적도 없는 사람이 무작정 마라톤에 출전하면 초반을 넘기기가 어려운 것과 똑같거든요. 그러니 여러분은 하나의 언어에 딱 1년만 투자하세요. 단, 1년이라는 시간에 <u>스스로를 가두고 절박한 마음으로 배워야 합니다</u>. '1년 안에

이 언어를 마스터하지 못하면 난 다시는 이 언어를 익히지 못한다'라는 생각으로 밀어붙이는 겁니다.

짧은 기간 내에 만족할 만한 결과를 얻기 위해서는 자주 공부해야 하고, 한 번 할 때마다 충분한 시간을 들여야 해요. 앞서 몇 시간을 공부해야 하는지 정하는 건 의미 없다고 말씀드렸지만, 다양한 언어를 익혀본 경험자로서 말씀드리자면 일주일에 세 번, 한 번에 1시간 반 이상은 할애해야 합니다. 아침, 낮, 저녁으로 공부 시간을 쪼개지 마시고 1시간 반 동안 온전히 언어학습에 집중하세요. 바빠서 시간이 없으신가요? 실은 저도 그렇습니다. 사업과 유튜브 활동을 병행하느라 늘 바쁘지만 시간을 내서 외국어를 배워요. 그렇게 해야만 목표를 달성할 수 있다는 사실을 잘 알기 때문입니다.

학습 시간 1시간 반 가운데 1시간은 해당 외국어의 원어민에게 언어를 배우는 데 쓰세요. 기본적인 알파벳조차도 모르는 형편이라 원어민과 대화할 수 없다고 생각하시나요? 걱정하실 필요 없습니다. 원어민 선생님에게 기본 알파벳부터 가르쳐달라고 하시면 되니까요. 사실은 알파벳도 원어민 선생님으로부터 배우면 내용 자체가 완전히 달라집니다 그러니 할 수만 있다면 기본 알파벳도 원어민 선생님으로부터 배우는 것이 더 좋아요.

아무튼, 학습 시간 1시간 반 가운데 원어민 선생님으로부터 1시간 수업을 받으면 30분이 남죠. 20분은 복습에, 나머지 10분은 예습에 할애해보세요. 공부 시간을 2시간으로 잡으셨다면 1시간 동안 원어민 선생님에게 배우고 50분을 복습에, 10분을 예습에 쓰시는 것을 권해드립니다. 앞서 소개한 것처럼, 예습은 별다른 게 아니에요. 원어민 선생님에게 질문할 거리를 궁리하는 것이 곧 예습이죠. 떠올린 내용은 수업 시간에 반드시 질문해야 학습 효과가 높아집니다.

기본적인 학습을 마쳐서 간단한 문장이 슬슬 들리기 시작한다면 원어민의 말을 따라 하는 연습을 하시면 좋습니다. 4장에서 제가 '나는 앵무새다'라고 생각하면서 외국인의 말투를 그대로 흉내 냈었다고 말씀드렸죠? 저는 앵무새 학습법 덕분에 빠르게, 효과적으로 언어를 익힐 수 있었습니다. 제 입으로 외국어를 또렷하게 발음하는 경험이 언어를 습득하는 데 생각보다 큰 도움을 주더라고요. 직접 말하고 듣는 과정이 중요하니 되도록 큰 소리로 따라 하시기를 권해드립니다.

함께 사는 사람이 있다면 큰 소리를 내시기가 어려울 텐데, 환경이 받쳐주지 않을 때는 속으로라도 연습해보세요. 저도 조용한 환경을 선호하는 제 아내 눈치를 보느라 집에서는 조용히 웅얼거리거나 머릿속으로 되뇔 때가 많지만 어떤 형태로든 간에 연습은 계속하고 있습니다. 앞에서도 한번 말씀드렸지만, 하기 어려운 이유를 더 이상 찾지 마시고 어떤 환경이든, 그리고 어떻게 해서든 할 수 있도록 노력하세요.

언어 공부의 목적이 의사소통이라면 특히 정확한 발음을 익히는 데 신경을 써야 합니다. 제가 스스로 공부한 첫 번째 외국어인 독일어에는 우리나라 사람들이 따라 하기가 굉장히 힘든 발음이 있습니다. '레드와인'이라는 뜻의 독일어 'Rotwein'을 '로호트바인'이라고 읽는데 이 '호'를 발음할 때 마치 본인의 성대를 막대기로 긁어내는 느낌으로 강하게 발음해줘야 합니다. '로호트'를 제대로 발음하기가 정말 어려웠습니다. 처음 연습할 때부터 목 안쪽이 아프더니 금세 목이 쉬더라고요. 몇 개월이나 연습해서 겨우 익혔습니다. 이제는 웬만한 현지인보다 더 정확하게 발음할 수 있어요. 그래서 독일 사람들이 제 말을 못 알아들을까 봐 더 이상 걱정하지 않게 됐습니다.

앞서 잠시 언급했던 것처럼 저는 발음 공부를 할 때 휴대폰의 언어 설정을 바꾸기도 합니다. 그러고는 종종 음성인식 기능을 사용하지요. 카카오톡을 쓸 때 음성인식 기능을 써본 적 있으신가요? 이런 경우에 스마트폰에 대고 우리 말을 해도 발음이 분명하지 않으면 제대로 인식하지 못하잖아요. 그 점을 이용해서 정확한 발음을 했는지 살피는 겁니다. 카카오톡에서도 언어 설정을 바꿀 수 있으니 원하는 언어로 설정한 다음 음성메시지 입력을 시도해보세요. 챗지피티(ChatGPT)나 제

미나이(Gemini)의 AI 통번역 기능을 이용하셔도 좋습니다. AI에게 외국어로 말한 뒤에 우리말로 번역을 시키고 그 내용을 들어보는 거죠. 이렇게 해보면 외국인에게 여러분이 전할 내용과 의도가 과연 원래대로 잘 전달될지 확인할 수 있습니다.

이렇게 1년간 노력한 끝에 도달하고자 하는 지점이 어디인지는 사람마다 다르겠죠. 어학 자격증이 필요한 분들은 자격증 취득을 목표로 삼으실 테고, 저처럼 애니메이션 감상에 흥미가 있는 분들은 한 작품을 골라서 그 안에 나오는 표현을 전부 이해하고 스스로 말할 수 있도록 하겠다는 목표를 세우셔도 좋을 거예요. 하나의 언어를 마스터했는지 여부를 객관적으로 평가하는 지표는 없으니 '이 정도면 충분하다'라고 느껴지는 본인만의 기준점을 정하시면 됩니다.

저는 외국어로 원어민과 의사소통하는 능력을 갖추기 위해 언어를 공부합니다. 최근에는 일본어를 다시 배우는 중이에요. 사실 지금도 일본에 가면 현지인 친구들과 농담하며 대화할 수 있고 제 마음대로 어디든 돌아다닐 수 있습니다. 그런데도 공부를 계속하는 이유는 일본에서 사업을 운영해보겠다는 계획을 세웠기 때문이에요. 일본어 실력이 부족한 탓에 부당한 일을 겪거나 손해를 보면 안 되잖아요. 그런 불안이 사라질 정도로 외국어를 다룰 줄 안다면 상당히 높은 등급의 어학

자격증을 딴 셈이라고 생각합니다.

대부분의 어학 자격증은 필기시험을 통해 취득하는 것이어서 외국인과 자유롭게 대화하는 능력을 평가한다고 보기는 어렵습니다. 효율적인 의사소통 수단으로 외국어를 배우려는 분들께는 어학 자격증을 취득하거나 어학시험에서 높은 점수를 얻는 것보다는 원어민과 어느 정도의 대화가 가능한 수준으로 외국어 실력을 만들어내는 것이 더 적절한 목표라고 말씀드리고 싶네요. 제가 말씀드린 방법을 활용해 1년 동안만 매진해보세요. 짧다면 짧고 길다면 길다고 할 수 있는 이 1년간의 기간 동안 스스로가 얼마나 달라지는지 몸소 느끼실 수 있을 겁니다.

> 하나의 언어에 딱 1년만 투자하세요. 1년이라는 시간에 스스로를 가두고 절박한 마음으로 배워야 합니다. '1년 안에 이 언어를 마스터하지 못하면 다시는 이 언어를 익히지 못한다'라는 생각으로 밀어붙이는 거죠.

외국어 하나를 아주 잘하는 것보다 여러 개 하는 게 나은 이유

―――――――

세상에는 외국어를 잘하는 사람이 너무나 많습니다. 우리나라에는 일본어나 영어를 잘하는 분들이 특히 많죠. 프랑스어를 능숙하게 하는 분들의 수도 상당합니다. 쟁쟁한 실력자들이 곳곳에 있다 보니 웬만한 수준으로는 명함도 내밀기 힘들어요. 아무리 공부해도 그들을 뛰어넘을 수 없을 거라는 생각이 들면 좌절감이 밀려오고 의욕이 꺾이죠. 하나의 언어를 잘하는 사람들의 세계에서 살아남기란 이토록 어렵습니다.

경쟁이 치열한 그 세계에서 벗어나 시선을 돌려보세요. 여러 개의 언어를 동시에 어느 정도 구사할 수 있는 능력을 갖춘 사람은 흔치 않습니다. 우리나라는 다국어 문화권 국가가 아니어서 복수의 외국어를 구사하는 능력이 특히나 귀하죠. 이런 사회 분위기이기 때문에 여러분이 여러 가지 언어를 어느 정도 배워두면 사람들 사이에서 금세 두각을 나타낼 수 있습니다. 막강한 경쟁력이 생기는 거죠.

또한 "일본어만 잘하는 줄 알았는데 영어도 잘하고, 오늘은 프랑스어도 하더라"는 식의 얘기를 주위에서 듣다 보면 여러분 스스로가 더 많은 언어를 제대로 배우고 싶어지게 됩니다. 세계 곳곳으로 여행을 떠나 현지인과 친해져 대화를 나누고 싶다는 욕심이 커지죠. 그런 마음 하나하나가 언어 공부를 계속해 나갈 원동력이 되어줍니다.

해외여행을 가보셨다면 아시겠지만 기본적인 회화 실력만 갖춰도 여행이 훨씬 더 편해집니다. 여러 가지 외국어를 할 줄 알면 그 언어를 쓰는 나라에 접근하기가 쉬워지고 삶의 무대가 넓어지죠. "기초적인 몇 마디쯤 할 줄 아는 정도로 뭘 할 수 있겠어요?"라고 말씀하실 수 있는데 사람들은 자국의 언어를 배운 외국인에게 아주 우호적입니다. 우리나라에 온 외국인이 더듬거리면서도 우리말로 뭔가를 물어보면 여러분들께서도 그들에게 호감이 가고 도와주고 싶다는 마음이 생기잖아요. 다른 나라 사람들도 마찬가지입니다. 외국 사람들과 기분 좋게 소통한 경험은 이후의 언어학습에도 긍정적인 영향을 미쳐요. 한때의 즐거운 에피소드 이상의 의미가 있는 셈이죠.

다국어를 구사할 줄 아는 사람은 어느 나라에 가든 주목받습니다. 다국어자에게는 호기심과 관심을 보이는 사람이 워낙 많기 때문에 폭넓은 교류가 가능해져요. 호기심이 왕성하고 배움의 욕구가 큰 사람들은 제가 다수의 외국어를 구사한다는 사실을 알아차리면 정확히 어떤 언어를 쓸 수 있는지 물어봅니다. 그중에 본인이 배우고 싶어 하는 외국어가 있을 경우에는 그 언어로 대화하자고 해요.

가령 프랑스어를 잘하는 독일인이 중국어를 연습하는 중에 저를 만났다고 가정해봅시다. 그 사람은 저와 프랑스어나 독일어보다는 중국어로 얘기하길 원할 거예요. 이런 경우에는 상대방이 원하는 언어로 소통하면 그 사람과 더 빠르게 친해질 수 있습니다. 저로서는 상대가 어떤 언어를 쓰든 외국어 공부가 되니 고마운 일이죠. 그리고 많은 경우에 본인이 중국어를 하다가 결국은 답답해져서 자신의 모국어로 전환하게 되는 경우가 정말 많습니다. 이렇게 되면 이분은 이제 여러분의 원어민 선생님이 되는 거죠. 어떻게 되든 간에 여러분은 항상 외국어를 배우면서 폭넓은 교류를 향유할 수가 있게 되는 겁니다.

외국인 친구를 사귀어두면 그 나라에 있는 동안 도움을 받기도 편합니다. 외국에서는 아무래도 현지인이 아니기 때문에 크고 작은 어려움을 겪거든요. 저는 외국인 친구들 덕분에 많은 문제를 해결할 수 있었어요. "내일까지 ○○라는 일을 해야 하는데 어디로 가야 하는지, 어떻게 하면 되는지 잘 모르겠어"라고 말하면 친구들은 저를 직접 만나거나 제게 연락해서 자세한 해결책을 알려주곤 했습니다. 언어를 공부해뒀기에 현지인과 교류해 친분을 쌓고, 그 나라 사람이어야 알 수 있는 실질적인 정보를 구할 수 있었던 거죠.

여러 가지 언어를 익히면 좋은 일이 많습니다. 하지만 하나의 언어를 익히는 것에 비해서는 어려울 수도 있는 길입니다. 별로 해본 사람이 없는 다소 생소한 길이기 때문에 선생님이 적거든요. 그러니 제가 사용한 팁을 한 가지 알려드릴게요.

세 가지 이상의 언어를 공부할 때는 하나의 공통된 주제를 정해보세요. 어떤 언어를 배우시든 간에, 이를 관통할 단 하나의 공통된 주제를 정하신다면 여러분의 외국어 학습에 분명한 방향성과 기준점이 생깁니다. 제가 와인을 선택한 것처럼요. 저는 와인과 관련된 특정 단어와 특정 표현, 특정 문장 하나하나를 차곡차곡 프랑스어, 독일어, 영어로 바꾸는 연습을 했습니다. 같은 문장을 다른 언어로 전환해서 말하는 연습을 계속 했더니 새로운 표현을 이해하기도 쉽고 익히는 속도도 말도 안 될 정도로 빨라지더라고요. 여러 가지 언어를 배우는 과정을 잘 활용하면 이런 식으로 시너지 효과를 일으킬 수도 있습니다. 이 효과의 구체적인 내용에 대해서는 다음 글에서 더 자세히 말씀드릴게요.

다국어에 능통한 사람은 어느 나라에 가든 주목받습니다. 삶의 무대가 넓어지는 거죠. 원하신다면 여러분이 무대의 주인공이 될 수도 있습니다.

언어의 수가 늘어날수록
학습 속도도 빨라질까?

———————

저희 장인어른께서는 손으로 무언가를 만드는 걸 좋아하십니다. 집도 당신께서 지으셨을 정도예요. 베란다와 정원까지 전부 혼자서 손수 꾸미셨죠. 장비 욕심이 많은 분이라 별의별 도구를 다 쓰시거든요. 간혹 장인어른께 생소한 도구를 가져다드려도 사용법을 금방 익히시더라고요. 워낙 다양한 연장을 써보셨기 때문에 어떤 도구를 손에 쥐면 쓰는 요령을 빠르게 파악하실 수 있는 거죠.

언어도 결국은 도구예요. 일단 한 가지 언어의 사용법을 제대로 배우고 나면 학습 속도가 빨라집니다 언어학습을 해본 적 없는 사람과 비교해서 훨씬 더 효율적으로 다른 언어를 익할 수 있게 돼요. 응용력이 생기거든요. 네다섯 가지 언어를 배우고 나면 여러 언어의 공통점과 차이점이 머리에 들어오는데, 그 점을 활용하는 요령도 생깁니다. 독일어 문장을 이루는 성분의 순서를 예로 들어볼게요.

독일어의 기본 문장에서는 문장성분의 순서가 영어와 똑같아요. 주어 뒤에 동사가 나오고 목적어는 그다음에 옵니다. 그런데 주절과 종속절이 결합된 문장에서는 순서가 달라져요. 독일어의 종속절에서는 동사가 맨 뒤로 갑니다. 동사를 뒤쪽에 놓는 우리말처럼 바뀌죠. 독일어를 배우는 많은 분들이 이 변화를 보고 당황하는데, 영어와 한국어를 배울 때에도 이러한 차이점에 지속적인 관심을 기울여왔던 저는 금방 적응했습니다. 주절은 영어처럼 구성하고 종속절은 우리말처럼 구성하면 된다고 한번 인식하고 나니까 적용이 쉬워지더라고요. 여러 언어의 구조를 분석하고 응용해서 한 언어의 특징을 빠르게 익힌 거죠.

앞서 독일어에는 세 가지의 성이 존재한다고 말씀드렸잖아요. 제가 배운 언어 가운데 프랑스어, 스페인어, 이탈리아어에도 성별 구분이 있습니다. 독일어를 이미 학습한 입장이라 낯설지 않았어요. 유럽어들은 하나의 뿌리에서 갈라져 나온 경우가 많기 때문에 성별 구분을 비롯한 여러 특성을 공유합니다. 그래서 유럽어 중 하나를 공부한 뒤에는 다른 유럽어를 익힐 때 장벽이 한층 낮아져요. 학습에 속도가 붙게 되는 거죠. 자동차를 몰 줄 아는 사람은 오토바이를 쉽게 배울 수 있는 것과 마찬가지 원리입니다.

이렇게 해서 여러 가지 언어를 배워나가면 어느 시점부터는 언어의 갖가지 특징을 열린 마음으로 받아들이게 됩니다. '주절에서는 앞에 있던 동사가 종속절에서는 뒤로 간다고? 대체 왜?'라는 생각을 하지 않게 돼요. 저는 중국어를 공부하기 시작할 때 '왜 언어에 성조를 집어넣어서 배우기 어렵게 만든 거야? 소리를 굳이 이렇게 어려운 방법으로 내야 해?'라고 불평한 적이 한 번도 없었습니다. 물론 장난삼아 투덜거린 적은 있었지만 진짜로 짜증을 냈던 적은 한 번도 없었어요.

한 언어의 특성이 형성된 데에는 반드시 그럴 만한 이유가 있어요. 간단히 인터넷으로 검색만 해봐도 언어학자들이 추측한 이유를 확인할 수 있죠. 하지만 언어를 공부하면서 생겨나는 모든 궁금증을 해소하기는 어렵더군요. 그렇기 때문에 저는 의문이 풀리지 않을 때는 혼자서 그럴싸한 스토리를 짭니다. 예를 들자면 중국어에 성조가 존재하는 이유를 제 나름대로 추정해보는 거죠. 상상하는 것 자체가 재미있기도 하고요. 어려운 중국어 성조를 대상으로 저 혼자 억지로 만들어낸 말도 안 되는 스토리가 의외로 저만의 언어학습에 도움이 되기도 합니다.

구사하는 언어가 늘어나면 학습 방법의 폭을 넓힐 수도 있어요. 제가 여덟 번째로 익혔던 외국어인 일본어를 예로 들어 설명해볼게요. 앞서 말씀드렸듯이 일본어를 배우기 시작할 당시에 저는 너무 지쳐 있었습니다. 일곱 개 언어를 배우고 나니까 이제 그만두고 싶더라고요. '일본어까지 배워서 뭘 하겠나'라는 생각이 들어 학원에 등록하고도 출석 자체를 잘 안 했습니다. 그러다 일본에서 친구를 한 명 사귀게 됐어요. 그 친구가 4장에서 언급했던 고토 상입니다.

고토 상은 규모가 크고 다양한 와인 모임을 이끄는 적극적인 리더였습니다. 일본인은 대체로 개인 생활을 중시하고 내성적인 경우가 많아서 고토 상 같은 적극적인 리더는 굉장히 드물어요. 제가 보기엔 이미 의사소통 능력이 출중한데 고토 상은 따로 커뮤니케이션 수업까지 듣고 있더라고요. 이 정도로 본인 능력 향상의 욕구가 강한 사람과 친구가 된다면 계속해서 배울 점이 많을 것 같았습니다. 그런데 문제는 앞서 소개한 것처럼 고토 상이 본인의 모국어인 일본어 외에는 잘할 줄 아는 언어가 없다는 거죠. 외국어를 못하는 고토 상과 가까워지려면 제가 일본어를 익힐 수밖에 없었기 때문에 저는 본격적으로 일본어 공부에 돌입하게 됐습니다.

이후로 고토 상에게 일본어를 배웠는데, 사실 고토 상은 누군가에게 언어를 잘 가르쳐줄 수 있는 사람은 아닙니다. 열심히 준비한 질문을 꺼내면 엉뚱한 대답이 돌아왔어요. 원하는 대답을 얻어내기 위해서는 제가 고토 상에게 할 질문을 아주 정교하게 다듬어내야 했습니다. 그 과정이 제게는 오히려 큰 도움이 되더군요. 제가 의도한 바를 고토 상에게 더 잘 설명하려고 애쓰는 사이에 저의 일본어 실력이 정말 많이 늘었거든요.

이 방법은 외국어를 처음 배우는 분에게는 다소 어려울 수도 있겠지만, 이미 한두 개의 언어를 공부해보신 분들의 경우에는 제게 고토 상이 그랬던 것처럼, 설명하는 능력이 다소 부족한 선생님의 수업을 접해보는 것도 여러분들께는 좋은 경험이 될 수 있습니다. 여러분 본인의 답답함을 해소하려는 마음 때문에 여러 가지 방법과 과정, 다양한 표현을 활용해서 말할 수밖에 없게 되거든요. 여러분이 말을 많이 할 수밖에 없는 극한의 상황으로 자신을 몰아넣게 되는 거죠. 이렇듯 할 수 있는 언어가 하나씩 늘어날 때마다 여러분께서는 다음 언어를 배우는 속도가 점점 빨라지게 됩니다. 그러니 주저하지 말고 더 자신 있게 본인의 언어 세계를 넓혀보세요. 새로운 언어를 익힐 때마다 다음 언어로 내딛는 발걸음이 훨씬 가벼워질 테니까요.

> 언어도 결국은 도구예요. 일단 한 가지 언어의 사용법을 제대로 배우고 나면 다음에 배우는 언어의 학습 속도는 더욱 빨라집니다.

여러 외국어를 한꺼번에 배우면 겪게 되는 현상

제 경우에는 네 개의 언어를 구사할 때까지는 제 머릿속에 존재하는 언어들이 뒤섞여서 입 밖으로 나왔습니다. 독일어를 하고 있는데 그사이에 영어 단어나 스페인어 단어가 끼어드는 식이었죠. 심지어 외국어를 하는 중에 우리말 단어를 저도 모르게 섞어서 말한 적도 있어요. 독일 친구랑 대화하다가 어느 순간 제가 그런 식으로 말하고 있다는 걸 깨달았죠. 이때는 정말 심한 자괴감이 밀려왔습니다. '내가 이 친구랑 도대체 무슨 언어로 얘기하고 있는 거지? 이건 독일어도 아니고 영어도 아니고 우리말도 아니잖아. 외국어를 그렇게 열심히 공부했는데, 나는 결국 단 한 개의 언어도 제대로 구사하지 못하는구나'라는 생각이 들었어요.

　이런 현상은 같은 계통의 언어를 배우면 특히 심해집니다. 이탈리아어와 스페인어는 '로망스어군(Romance languages)'이라는 언어군에 속하는 친족관계의 언어거든요. 단순한 친족관계가 아니라 진짜로 심각하게 비슷한 언어들이지요. 그러므로 이탈리아어를 할 줄 아는 사람이 스페인어를 배우면 두 언어가 처절할 정도로 섞여서 나옵니다. 이탈리아 친구들이 스페인어를 배우는 걸 본 적이 있는데, 스페인어를 하는 중에 이탈리아어가 자꾸 튀어나와서 고생하더라고요. 일본어를 공부해보셨다면 비슷한 경험을 하셨을 거예요. 일본어와 우리말은 같은 언어군에 속하지 않는다는 설이 지배적이지만, 문법과 어휘에 비슷한 점이 많으니까요. 일본어를 배우다 보면 무심코 우리말이 나와 당황하기 일쑤입니다.

　별다른 공통점이 없는 언어들을 공부해도 섞이는 경우가 생겨요. 독일어를 배운 다음에 중국어를 배워도 두 언어를 한꺼번에 내뱉는 사태가 발생합니다. 몸에 완전히 배지 않은 언어들은 모국어와 함께 머릿속에서 뒤엉킵니다. 그러면 과거의 제가 그랬듯이 3개 국어를 마구 섞어서 말하게 되는 거예요.

　이뿐만 아니라, 하나의 언어에서 다른 언어로 전환하는 일도 어렵습니다. 미국 친구, 독일 친구와 함께하는 자리에서 대화를 나눌 때는 영어로 말하다가 독일어를 써야 하죠. 하지만 저는 영어의 개념에서 바로 빠져나오기가 힘들었어요. 독일 친구에게 "잠깐만 기다려 줘"라고 양해를 구한 뒤에 1~2분쯤 독일어 문장 구조를 떠올리고 생각을 정리한 다음에야 독일어로 말할 수 있었죠. 비유하자면 자동차를 몰다가 오토바이로 갈아타려는 격이었어요. 자동차에서 휙 빠져나와 곧바로 오토바이로 바꿔 탈 수는 없잖아요. 자동차의 속도를 줄이고 멈춰서 시동을 끈 다음, 차에서 내려 오토바이에 타고 시동을 켜야 하죠. 언어 전환이 그런 식이었으니 시간이 오래 걸릴 수밖에요.

그런데, 다섯 개 언어를 구사하게 되었을 때부터 변화가 일어났습니다. 머릿속에 언어들의 방이 만들어지더라고요. 언어별 단어와 문장 구조 등이 각 언어의 방에 들어가 차곡차곡 정리된다는 느낌이 들었죠. 미국 친구와 얘기하다 독일 친구에게 말을 걸어야 하는 순간이 오면 영어의 방이 닫히고 독일어의 방이 열렸습니다. 영어의 방문은 이미 닫혔기 때문에 영단어를 섞지 않고 오로지 독일어로만 얘기할 수 있었어요. 문이 열리고 닫히는 속도는 공부를 계속할수록 점점 빨라졌습니다.

참 신기한 일이죠. 처음 방이 나뉘었다는 느낌을 받았을 당시에는 '내가 이런 걸 해낼 수 있는 사람이었다니, 어떻게 가능해진 거지?'라고 생각했어요. 머릿속에서 일어난 일이 잘 믿기지 않을 정도였고, 쾌감이 엄청났습니다. 저한테만 일어난 특별한 현상이라고 보지는 않아요. 여러 개의 외국어를 충실하게 공부하고 나면 언어들의 방이 생겨나 각 언어가 명확히 구분되는 감각을 직접 느끼실 수 있을 겁니다.

이제는 새로운 언어를 배워도 기존에 배운 언어를 섞어 쓰는 일이 거의 없습니다. 새롭게 익힌 언어가 이미 공부한 언어와 같은 계통이거나, 해당 언어를 다루는 실력이 아직 미숙한 상태라도 그 외국어만의 방을 따로 만들 수 있게 됐어요. 공부를 계속할수록 방을 구분하는 능력이 향상되는 것 같습니다. 특정한 언어를 오랫동안 사용하지 않으면 방의 존재 자체가 희미해진다는 느낌이 들기는 하는데, 다시 쓰기 시작하면 복구됩니다. 방과 방 사이의 구분이 확실해지고 방의 크기도 커져요.

말을 하기 전에는 전환 과정을 거치게 된다는 말씀을 앞서 드렸죠. 저는 우리말을 할 때도 머릿속에서 일종의 전환 작업이 일어난다고 생각해요. 떠오른 생각을 표현하는 방법이 다양하잖아요. 수많은 단어 가운데 특정한 것을 선택해야 하죠. 단어를 어떻게 배치하는가에 따라 전달되는 뉘앙스가 달라지는 만큼 문장 구성에 대해서도 고민해야 하고요. 이 모든 것들이 생각을 말로 전환하는 과정을 밟고 있다는 증거예요. 단지 모국어를 사용할 때는 그 과정이 엄청나게 빨리 이루어져서 자각하지 못할 뿐이죠.

반면, 외국어의 전환 속도는 모국어보다 느려서 그 과정을 인지할 수 있는 거예요. 무슨 단어를 어떤 방식으로 구성해야 더 효과적인 의사소통이 될지 의식하면서 말하다 보면 해당 언어 실력이 더 좋아지더라고요. 말하고 나서 '이 단어는 좀 부적합하지 않았나?'라는 생각이 들거나 상대방이 "방금 뭐라고 한 거야?"라고 물어볼 때는 해당 생각을 말로 전환했던 과정 자체를 스스로 돌아보게 되는데요. 이렇게 일부러 되돌아보는 행동 자체가 외국어 학습 과정에 큰 도움이 됩니다.

이 모든 과정이 초반에는 특히 많은 시간을 잡아먹기 때문에 배우는 입장에서 몹시 답답할 수밖에 없지만, 그래도 여러분께서는 반드시 이런 방식을 통해서 배워두셔야 합니다. 이렇게 하면 생각을 언어로 전환하는 과정 자체가 존재한다는 사실을 상당 부분 잊게 될 정도로 언어 전환 속도가 아주 빨라지거든요. 그러니 한번 제 말을 믿고 노력하셔서 머릿속에 여러분만의 외국어 방들을 만들어보시면 어떨까요? 제가 외국어 방을 만들게 되었을 때 느꼈던 그 쾌감을 혼자만 간직하기에는 너무 아깝거든요. 여러분들께서도 꼭 느껴보셨으면 합니다!

여러 개의 외국어를 충실하게 공부하고 나면 언어들의 방이 생겨나 각 언어가 명확히 구분되는 감각을 직접 느끼실 수 있습니다.

언어를 하나 더 할수록 기회는 곱셈으로 찾아왔다

저는 처음부터 '더 많은 기회를 얻어야겠다'라는 생각으로 외국어를 여러 개 공부하지는 않았습니다. 제게는 그런 얘기를 해주는 사람도 없었어요. 앞에서 말씀드린 것처럼 독일어는 고등학생 때 조금 배워둔 언어였는데, 와인을 공부하는 데 필요했던 유럽 언어 중 하나라 어렵게 익히게 되었고, 두 번째로 배운 프랑스어는 와인 관련 일을 하기 위해 어쩔 수 없이 공부하게 된 언어였지요. 이렇게 하나씩 필요에 의해서 힘들게 배우다 보니 어느 날 다국어 구사자가 된 겁니다.

그사이 독일어나 프랑스어를 구사하는 사람들과 얘기할 기회가 늘어났는데 이러한 경험이 늘어나면 늘어날수록 그 양상이 심상치 않다는 느낌이 들더군요. 제게 주어지는 기회의 숫자가 합이 아니라 곱으로 늘어간다는 느낌이 들었습니다. 독일어를 알고 프랑스어를 알면 독일 사람, 프랑스 사람과의 교류가 많아지겠거니 하고 막연히 짐작했거든요. 하지만 실제로는 독일어나 프랑스어를 할 줄 아는 다른 외국인들과도 접점이 생깁니다. 공부한 언어가 많아질수록 교집합이 급속도로 확장되더라고요.

다수의 언어를 다루는 사람은 그리 흔치 않아서, 저는 각종 사교 모임에 자주 초대받았습니다. 여러 사람이 만나는 자리에서는 흥미로운 화젯거리를 이어 나가는 게 관건이잖아요? '다국어 구사자이며 와인 공부를 하는 아시아인'이라는 제 독특한 위치는 모임 참가자들과 함께 다양한 이야기를 풀어내는 데 큰 도움이 됐습니다. 아시아에는 다국어 구사자가 워낙 적은 데다가 와인 생산 및 소비의 비중이 유럽 등지에 비해서 월등히 적기 때문에 그 사람들 눈에 제가 아주 신기해 보였거든요. 그렇기 때문에 외국에서 사귄 친구의 가족 모임에 초대받을 때도 많았어요. 친구의 가족이 외국어를 못 해도, 제가 그 나라 말을 할 줄 아니까 문제가 없었고요.

어느 날 뉴스 기사를 보다가 루트비히 비트겐슈타인이라는 오스트리아 출신 영국 철학자의 말을 읽은 적이 있습니다.

"내 언어의 한계는 내 세계의 한계를 뜻한다." 정말 가슴에 와 닿는 표현이었어요. 이 말을 약간 비틀면 '내 언어가 늘어나면 내 세계가 확장된다'라고 할 수도 있겠죠. 언어를 하나 더 배울 때마다 세계가 넓어진다는 것을 실감한 사람으로서 공감이 되었습니다.

저는 유명인의 말을 보면 항상 원문을 확인해요. 정확히 무슨 얘기를 했는지, 우리말 번역이 바르게 됐는지 궁금해서 꼭 찾아봅니다. "Die Grenzen meiner Sprache bedeuten die Grenzen meiner Welt." 비트겐슈타인의 이 말은 정확한 의미를 전달할 수 있도록 번역되었는데 사실 그렇지 않은 경우도 많아요. 번역문으로는 이해가 잘 되지 않았지만 원문을 보면 정확한 의미가 파악될 때도 있죠. 원문에 쓰인 해당 언어 특유의 표현을 살피고 나서는 그 말이 나온 배경, 발언자에 대한 정보를 저는 확인합니다. 어떤 분야에서 어느 정도의 영향력을 가진 인물이 무슨 맥락에서 한 말인지 알아보는 거죠. 그러고 나면 제 세계는 조금 더 넓어집니다.

거미가 치는 거미줄은 먹이를 잡는 덫이자 주변 환경을 감지하는 레이더입니다. 때로는 다른 곳으로 이동하기 위한 다리 역할도 하죠. 하나의 언어를 익히는 일은 이 세상에 거미줄을 추가해서 치는 것과 같습니다. 새로운 언어를 익힐 때마다 거미줄의 수가 늘어나는 거예요. 그와 동시에 거미줄에 걸리는 정보가 늘어나고, 시야가 넓어지고, 행동반경이 확장되죠. 그러니 다수의 외국어를 공부한 사람이 더 많은 기회를 만나는 것은 너무나 당연한 일입니다.

저는 지금 우리나라에서 꿈을 펼치는 중인데, 앞으로는 일본 도쿄와 프랑스 파리로 사업 무대를 확장할 꿈도 꾸고 있습니다. 그래서 요즘은 직원들에게 "와인으로 세계를 정복하자!"라고 말하고 있어요. 회사 대표인 제가 다국어 구사자이니 자신 있게 해외 진출을 준비하는 거죠. 현지 직원에게 의존하지 않아도, 통역을 거치지 않아도 그 나라에서 오가는 얘기를 직접 듣고 검토할 수 있다는 건 사업가로서 제가 가진 큰 강점입니다.

최근 들어 각종 도구를 이용해 번역하는 일이 쉬워지다 보니 외국어를 공부하려는 사람의 수가 감소하는 추세예요. 언어뿐만 아니라 어떤 분야에 대해 열심히 공부하고 관련 경험에 직접 뛰어들려는 사람들의 숫자 자체가 줄어들고 있습니다. 그렇기 때문에 "이제는 뭔가를 직접 애를 써서 익힐 필요가 없지 않나요?"라는 질문도 받곤 하는데, 오히려 이런 시대이기 때문에 제가 갖춰온 능력은 다른 사람으로 대체되기가 어려워질 수도 있을 거라는 생각이 듭니다. 예전에는 이전 세대의 능력을 이른 시일 내에 새로운 세대가 대체하는 현상이 너무나 당연했지만, 이제는 굳이 고통스럽게 많은 언어를 익히고 이를 통해서 뭔가를 새롭게 배워내는 과정 자체가 새로운 세대들에게는 딱히 그만한 가치를 부여할 필요가 없는 일처럼 느껴질 가능성이 높아 보이거든요. 그렇기 때문에 저는 어쩌면 영영 대체가 불가능할지도 모르겠네요.

계산을 빠르게 해내야 할 때 누군가는 암산을 하고 누군가는 계산기 앱을 켠다면 우리는 두 사람을 볼 때 각기 다른 느낌을 받겠죠. 외국인과 의사소통할 때 한 사람은 바로 그 나라의 언어로 대답하고 한 사람은 번역 시스템을 이용한다면 대화 상대방은 어떤 느낌을 받을까요? 두 사람은 내용 면에서는 비슷하더라도 뉘앙스가 서로 다른 말을 전달하게 될 거예요. 그 외국인이 두 사람에 대해 받는 인상 또한 상당히 다를 겁니다. 말하는 사람의 인상은 커뮤니케이션에 절대적인 영향을 미칩니다. 소통 횟수가 누적될수록 두 사람이 내는 결과의 차이는 한층 더 벌어지겠죠. 저는 이 지점에 주목할 필요가 있다고 봅니다.

외국에서 비즈니스를 해나가려면 외국어 능력도 필요하지만 그 나라의 문화를 깊이 이해하는 것이 중요해요. 어떤 일이든 결국 일을 하다 보면 사람을 상대하는 과정이 반드시 필요합니다. 그리고 이 과정에서 문화를 제대로 이해해야만 해당 국가 사람들의 마음속에 파고들어서 그들의 마음과 공감을 얻어낼 수 있으니까요. 그동안 외국에서 사귄 친구들과 농담하며 보낸 즐거운 시간, 그 친구네 집에서 다양한 연령대의 가족들과 식사하며 나눈 이야기들이 오늘날 저에게 비옥한 자양분이 되었습니다. 제가 각종 언어를 매개로 다양한 문화를 직접 체험했던 모든 순간은 통번역기가 보편화된 사회에서 역설적으로 제게 더 많은 기회를 안겨주고 있답니다.

> **하나의 언어를 익히는 일은 이 세상에 거미줄을 하나 치는 것과 같습니다. 거미줄에 걸리는 정보가 늘어나고, 시야가 넓어지고, 행동반경이 확장되죠. 다수의 외국어를 공부한 사람이 더 많은 기회를 만나는 건 너무나 당연한 일입니다.**

Tip

늘어난 언어, 어떻게 유지할까?

얼마 전에 직원들과 대화하다가 단어 하나가 떠오르지 않아 곤란했던 적이 있습니다. 그래서 아내에게 우리말로 뭐라고 하는지 물었어요. "그 있잖아…… 공동 dormitory 말이야." 아내가 "당신 설마 '기숙사'라는 말이 생각 안 난 거야?"라고 되묻더군요. 덕분에 직원들과 함께 크게 웃었습니다. 다양한 언어를 배우다 보면 이럴 때가 종종 있습니다. 제 주위의 다국어 구사자들도 마찬가지예요.

언어마다 유독 강한 인상을 주는 표현이 있거든요. 그 인상이 너무 강한 나머지 해당 단어에 대응하는 다른 언어의 단어가 쉽게 잊히기도 합니다. 제 경험으로는 여러 외국어를 배워보니 욕을 하기에 좋은 언어도 따로 있더라고요. 그 언어로 욕을 하면 아주 맛깔스러워서, 비슷한 의미를 지닌 다른 언어의 욕설이 기억에서 사라질 정도였습니다.

언어는 사용하지 않으면 머릿속에서 점차 지워집니다. 공부한 언어가 늘어나면 많이 쓰는 언어와 그렇지 않은 언어가 나뉘게 되는데, 드물게 쓰는 언어를 잊지 않으려면 가끔이라도 그 외국어를 쓰는 기회를 만들어야 해요. 그 나라로 여행을 떠나거나, 한 달에 한 번이라도 해당 외국어를 쓰는 현지인과 대화하는 시간을 만들면 좋겠죠. 하다못해 그 나라의 식당에 전화해서 "언제까지 영업하시나요? 손님들이 제일 맛있다고 평가하는 요리는 뭔가요?"라는 식의 질문이라도 해야 합니다.

본인의 모국어가 아닌 이상 다른 언어를 잊는 것 자체는 자연스러운 일입니다. 사실은 본인의 모국어 단어나 표현조차도 잘 안 쓰는 것들은 서서히 잊게 돼요. 제게는 '기숙사'라는 단어가 그랬죠. 그래도 기왕 애써서 공부했으니, 잊는 속도를 늦출 수 있도록 여러분께서는 배워둔 언어를 주기적으로 꼭 사용하세요. 그러면 해당 언어를 본격적으로 구사해야 하는 시기가 찾아왔을 때 남들보다 훨씬 빠른 속도로 실력을 끌어올릴 수 있습니다. 공들여 배운 언어를 잃어버리지 않으려면 이처럼 계속 신경 쓰며 보살펴야 한답니다. 잡아둔 고기라고 하더라도 전혀 신경을 써주지 않으면 결국 잃게 되는 것과 마찬가지예요. 그러니 여러분도 여러분의 외국어에 먹이를 주며 잘 돌봐주세요. 이렇게 보살핌을 받는 여러분의 외국어는 평생토록 여러분의 어장에 머무르게 된답니다.

에필로그

오십 됐으니
아홉 번째 언어를 배워볼까

    어느덧 50세가 됐네요. 이미 여덟 개의 언어를 배웠지만, 저는 아홉 번째로 어떤 언어를 배울까 고민하고 있습니다. 첫 번째 후보는 태국어예요. 저와 아내가 태국 음식을 워낙 좋아하거든요. 태국은 와인 문화가 풍성한 국가는 아니지만 와인과 함께 즐길 수 있는 저렴하고 맛있는 음식이 많아요. 저는 와인뿐만 아니라 다른 술도 좋아하는데 태국은 값이 싸면서도 질이 좋은 위스키가 생산되는 곳이기도 하고 맛있는 맥주가 만들어지는 곳이기도 하죠.

    하지만 결국 제가 다수의 외국어를 배운 핵심 동기는 와인인데, 태국은 와인과 다소 거리가 있는 나라라는 점이 문제입니다. 지금까지 태국어를 몇 번 배워보려 했지만 잘되지 않았어요. 게다가 제가 주로 와인 국가 위주로 방문하기에 태국어 자체를 쓸 일이 적다 보니 공부한 내용을 금방 잊게 되더라고요. 그런데도 태국 사람들의 커뮤니케이션 방식을 떠올리면 태국어에 미련이 남습니다. 태국 사람들은 다른 아시아 사람들보다 눈에 띄게 친절하거든요. 밝게 웃으면서 의사소통하는 모습을 저는 너무나도 좋아해요.

또 다른 이유는 태국어라는 언어 자체의 특성 때문입니다. 태국어는 제가 지금까지 학습했던 외국어들과는 완전히 다른 계통의 언어예요. 일본어와 중국어는 우리말과 같은 한자문화권의 언어라는 공통점이 있죠. 이탈리아어, 프랑스어, 스페인어는 모두 동일 어군에 속합니다. 영어와 독일어도 같은 뿌리에서 나온 언어예요. 제가 구사하는 언어의 수는 여덟 개지만, 언어의 계통으로 따지자면 그보다 적은 수의 어군을 다루어온 거죠.

태국어는 여타 동남아시아 언어들과 친척 관계인데 저는 이 지역의 다른 언어를 배워본 적이 없습니다. 제가 체감하기에 태국어는 중국어보다 공부하기 힘들어요. 중국어에 쓰이는 한자를 익힐 때는 한자 하나하나에 녹아 있는 스토리를 배우고, 마치 그림을 그리듯이 한자 한 글자 한 글자를 그려내는 일에 재미를 붙였거든요. 특히 우리말 명사에는 한자어가 많아서 한자의 의미를 파악하는 일도 아주 어렵지는 않았고요. 그런데 태국어 문자를 배울 때는 어디에도 기댈 수가 없었어요. 지금까지 배운 어떤 문자와도 닮지 않았거든요. 제게는 마치 해석이 불가능한 고대 이집트 상형문자처럼 느껴졌습니다.

또 중국어보다 더 많은 다섯 가지의 성조를 배워야 하는 것도 엄두가 나지 않고요. 그런데 이런 난점이 오히려 도전 욕구를 불러일으킵니다. 다양한 외국어를 학습해본 사람의 입장에서는 한번 배워보고 싶다는 생각이 들어요. 50이라는 나이에 새로운 언어권의 외국어 학습을 시도하면 어떤 결과가 나올지 궁금하기도 하고, 높은 벽을 제 힘으로 넘는 기쁨을 느껴보고 싶기도 합니다. 그래서 다음에 배울 언어 후보 가운데 1순위는 태국어예요.

그다음 후보로 염두에 둔 언어는 포르투갈어입니다. 이 언어는 제가 구사할 줄 아는 다른 언어들과 문법 구조가 비슷해요. 이탈리아어, 프랑스어, 스페인어와 같은 로망스어군에 속하거든요. 알파벳 기반의 문자를 쓰고, 발음은 프랑스어와 유사해요. 제가 편하게 습득할 만한 기본 조건들을 갖추고 있죠. 무엇보다 저는 포르투갈 와인을 좋아합니다. 포르투갈어는 브라질에서도 쓰이는데 브라질도 가성비 좋은 와인을 다양하게 생산하는 나라예요. 포르투갈어는 제게 '와인 언어'인 셈이죠. 그렇기 때문에 일단 공부를 시작하면 즐겁고 빠르게 익힐 수 있을 것 같아 보여요.

태국어와 포르투갈어 모두 제게는 충분히 매력적인 언어예요. 지금은 둘 중 무엇을 배울지 고민하는 중인데, 미래의 제가 내릴 선택이 궁금해지네요. 어쩌면 둘 다 공부할지도 모르죠. 50대로 접어들면서 외국어 2개를 더 배워서 결국 총 10개 국어를 할 줄 아는 사람이 되는 것도 멋진 일일 테니까요. 10개라면 깔끔하게 딱 떨어진다는 느낌도 들겠군요.

40대 중반에 들어설 때 저는 이런 생각을 가끔 했습니다.

'앞으로 큰 변화 없이 그냥저냥 살다가 적당히 삶을 마감할 수도 있겠다. 지금처럼 외국어를 익히면서 와인 일을 하면서 지내더라도 생활하는 데 큰 문제는 없겠지만, 이미 나이가 있으니 딱히 의미 있는 결과를 만들어내거나 큰일을 도모하기는 어려울지도 몰라.'

와인 시장의 규모는 다른 시장에 비하면 별로 크지 않습니다. 다양한 외국어를 구사하는 능력이 실제 업무에 딱히 필요하지 않을 때도 많았고요. 제가 가진 능력을 어떻게 펼쳐야 더 나은 결과를 낼 수 있을지 계속 고민했죠.
그러면서 그냥 여러 가지 일을 닥치는 대로 해나갔어요. 그러다 보니 점점 많은 곳에서 연락이 오기 시작하더군요. 제가 하는 일 자체와 함께 제 외국어 구사 능력 또한 조금씩 외부로 알려지기 시작했습니다. 그러다 보니 이렇게 책까지 내게 된 거죠. 아직 성공적이라고 할 만한 결과물까지는 도달하지 못했지만, 이에 도달하기 위한 기반은 확실히 다졌다고 생각합니다. 자만하지 않고 그동안 이루어온 결과들을 성실하게 잘 연결할 수 있도록 노력만 꾸준히 한다면, 굉장히 큰 무대를 마련할 수 있겠다는 확신이 생겼어요.

20대 때부터 시작해서 저는 누구나 와인을 쉽게 접하고 즐길 수 있는 세계를 만들겠다는 막연한 꿈을 품어왔습니다. 당시에 이런 얘기를 하면 와인 수입사에서 일하시는 분들이 모두 비웃었어요. "말도 안 되는 소리다, 네가 그런 시스템을 무슨 수로 구축하냐"라고 했죠. 하지만 저는 제 꿈이 실현 가능할 거라고 믿었어요. 그 믿음을 잃지 않고 꾸준히 나아간 끝에, 저는 한국과 아시아, 유럽 등지에서 제가 꿈꿔온 와인 세계를 만들어내기 위한 준비 단계에 이르게 되었습니다.

여러분의 언어 공부도 마찬가지예요. 지금 당장은 하나의 외국어를 마스터하겠다는 꿈, 여러 개의 언어를 구사해보겠다는 꿈이 허황된 바람이라고 느껴질 수도 있어요. 하지만 늦깎이로 언어 공부를 시작해 8개 국어를 할 수 있게 된 제가 보기에는 충분히 이룰 수 있는 현실적인 꿈입니다. 그리고 어차피 꿈이라는 건 꾸라고 있는 거예요.

자신이 좋아하는 무언가를 발판 삼아 외국어 공부를 시작하세요. 그리고 하나의 언어를 익힌 뒤에는 다른 언어에도 도전해보세요. 다양한 언어를 구사하면서 여러 나라 사람을 만나 다채로운 문화를 체험하고 더 많은 기회를 잡으세요. 여러 외국어를 구사하는 한국인으로서 인연이 닿아, 언젠가 여러분과 와인 한잔을 기울이며 다양한 언어로 대화할 날이 찾아온다면 참 좋겠습니다.

와인킹의 8개 국어

초판 1쇄 인쇄 2025년 9월 12일
초판 1쇄 발행 2025년 9월 24일

지은이 와인킹(이재형)
펴낸이 최순영

출판1 본부장 한수미
와이즈 팀장 장보라
편집 선세영
디자인 윤정아

펴낸곳 ㈜위즈덤하우스 **출판등록** 2000년 5월 23일 제13-1071호
주소 서울특별시 마포구 양화로 19 합정오피스빌딩 17층
전화 02) 2179-5600 **홈페이지** www.wisdomhouse.co.kr

ⓒ 와인킹(이재형), 2025

ISBN 979-11-7171-054-6 03320

- 이 책의 전부 또는 일부 내용을 재사용하려면 반드시 사전에 저작권자와 ㈜위즈덤하우스의 동의를 받아야 합니다.
- 인쇄·제작 및 유통상의 파본 도서는 구입하신 서점에서 바꿔드립니다.
- 책값은 뒤표지에 있습니다.